企业数字化赋能内部审计转型实践探索

徐 严 著

天津出版传媒集团
天津科学技术出版社

图书在版编目(CIP)数据

企业数字化赋能内部审计转型实践探索 / 徐严著
. -- 天津 : 天津科学技术出版社, 2024.4
ISBN 978-7-5742-2001-0

Ⅰ. ①企… Ⅱ. ①徐… Ⅲ. ①数字技术 - 应用 - 企业管理 - 内部审计 - 研究 Ⅳ. ①F239.45-39

中国国家版本馆CIP数据核字(2024)第079191号

企业数字化赋能内部审计转型实践探索
QIYE SHUZIHUA FUNENG NEIBU SHENJI ZHUANXING SHIJIAN TANSUO

责任编辑：王　彤
责任印制：兰　毅

出　　版：天津出版传媒集团
天津科学技术出版社
地　　址：天津市西康路35号
邮　　编：300051
电　　话：（022）23332377
网　　址：www.tjkjcbs.com.cn
发　　行：新华书店经销
印　　刷：河北万卷印刷有限公司

开本 710×1000　1/16　印张　16.25　字数　220 000
2024年4月第1版第1次印刷
定价：98.00元

前言

党的二十大报告明确指出，要加快发展数字经济，促进数字经济和实体经济深度融合，打造具有国际竞争力的数字产业集群。发展数字经济已成为推进中国式现代化的重要驱动力量。近年来，我国数字经济发展迅速，不但规模持续扩张，而且质量显著提升，展现出更为健康和可持续的发展态势。在政府的推动和支持下，以及企业和社会的积极参与下，数字技术得到了广泛应用，推动了各行各业的数字化转型和升级。特别是在云计算、大数据、人工智能和5G等新技术的助力下，数字经济成为推动我国经济社会发展的重要引擎。

数字经济的发展给企业带来前所未有的挑战和机遇。企业数字化转型不仅是应对当前复杂多变的商业环境的必然选择，还是实现企业可持续发展的重要手段。在这一背景下，企业经营管理活动中的物流、资金流、信息流在计算机信息系统中高度整合，几乎所有原始资料都能实现电子化。这些变化将促进传统内部审计向数字化过渡，而此过程中需要深入研究内部审计数字化转型相关审计理论与实践策略。本书正是在这样的背景下，探讨企业如何通过数字化赋能来推动内部审计数字化转型，以及这一转型过程中可能遇到的问题和应对策略。

本书共分为八章，内容涵盖了企业数字化与内部审计数字化转型的基本概念、理论基础、实践方法和未来展望等多个方面。本书对企业数字化和内部审计基本知识进行了阐述；从理论上分析了企业内部审计数字化转型的相关内容，包括企业内部审计数字化转型的发展历程，企业数字化赋能内部审计转型的内在机制，企业内部审计数字化转型的现实需求、理论基础、目标与原则；从企业内部审计数字化平台建设与应用、企业内部审计技术与方法创新、企业内部审计流程改进三个维度重点论述了企业内部审计转型的路径与策略，并对企业内部审计转型的保障体系建设进行了补充，为读者提供了企业内部审计数字化转型的实践指导；对本书进行了总结并对企业内部审计的未来发展趋势进行了展望。

尽管本书力图全面、系统地探讨企业内部审计数字化转型相关理论和实践问题，但由于作者知识和经验的局限性，以及数字化审计领域快速发展的特点，本书在某些方面可能还存在不足。希望读者在阅读本书的过程中，能够根据自己的实际情况和需求，结合最新的技术和方法，对其中的内容进行批判性的思考和应用，以实现企业内部审计的数字化转型，为企业的发展和社会的进步做出贡献。

目 录

第一章　企业数字化概述

在全球经济持续向数字化转型的大背景下，企业数字化已成为当下最热门的议题。数字经济带来的挑战与机遇，要求企业迅速响应并适应这一变革，以保持其市场竞争力。本章先介绍了数字经济时代企业面临的挑战，然后阐述了企业数字化转型的概念与意义，接着分析了企业数字化转型的原则与方法，最后探讨了企业数字化的发展趋势。

第一节　数字经济时代的挑战

一、数字经济的定义

数字经济是继农业经济、工业经济之后一种全新的经济社会发展形态，不同时期、不同学者或机构对数字经济的定义并不相同，目前还没有统一的定论。学术界对数字经济的定义主要有以下两种观点。

（1）数字经济的具体内涵可界定为以知识为基础，在数字技术（特别是在计算机和因特网）催化作用下，在制造领域、管理领域和流通领域以数字化形式表现的新经济形态。这一内涵的界定包括三个方面：在形式上表现为商业经济行为的不断数字化、网络化和电子化，即电子商务的蓬勃发展；在内容上体现为传统产业的不断数字化以及新兴数字化产业的蓬勃发展；实质是在以创新为特征的知识社会中，当以 1 和 0 为基础的数字化技术发展到一定阶段，信息数字化扩展到整个经济社会的必然趋势。

（2）数字经济就是在数字技术的基础上形成的经济，是数据信息在网络中流行而产生的一种经济活动，其基本特征主要有三点：第一，数字技术在大范围内被推广使用，使得经济环境与经济活动发生了根本性改变；第二，经济活动在现代信息网络中发生的频率增多；第三，信息技术使经济结构得以优化，并有效地推动了经济增长。

虽然以上定义各有侧重，且范围不同，但都认为数字经济是一种基于数字技术的经济。目前，较为权威的定义是 2016 年 G20 峰会发布的《二十国集团数字经济发展与合作倡议》中提出的。数字经济是指以使用数字化的知识和信息作为关键生产要素，以现代信息网络作为重要载体，以信息通信技术的有效使用作为效率提升及经济结构优化的重要推动力的一系列经济活动。①

一般认为，数字经济有狭义和广义之分。狭义的数字经济主要是数据和数据技术的应用带来的新的商业模式，包括电子业务、数字服务、平台经济等；广义的数字经济包括一切基于数字技术的经济活动，如工业 4.0、精准农业、电子商务等。这种定义虽然模糊了界限，但是足以将未来涌现的基于数字技术的新业态纳进来。中国信息通信研究院（2017）将数字经济分为数字经济基础部分（包括电子信息制造业、信息通信业以及软件服务业等）和数字经济融合部分（将数字技术应用到制造业、

① 中华人民共和国国家互联网信息办公室．二十国集团数字经济发展与合作倡议 [EB/OL].（2016-09-29）[2023-10-25].http://www.cac.gov.cn/2016-09/29/c_1119648520.htm.

服务业等传统行业所增加的产出）。[①] 这种分类方法得到了许多学者和研究机构的认同。

二、数字经济的层次

数字经济以数字化信息为关键资源，以信息网络为依托，通过信息通信技术与其他领域紧密融合，形成了五个层次。

（一）基础型数字经济

基础型数字经济是数字经济发展的初始阶段，以信息产业为核心，着重于信息产品和信息服务的生产与供给。在这个阶段，重要的产业有电子信息制造业、信息通信业以及软件服务业。电子信息制造业专注制造计算机、手机、电子组件等硬件设备，为数字经济提供物理基础。信息通信业则确保数据的流动和连接，通过构建和维护通信网络，使得信息能够迅速、稳定地传输。软件服务业在这个层次主要提供基础性的软件解决方案，满足初级的业务和个人需求。

（二）融合型数字经济

融合型数字经济标志着数字技术与传统产业的深度整合，为现代经济增添了新的活力。在这一阶段，信息资本不仅仅局限于信息产业，还投入了各类传统产业，如制造业、农业、零售业等。随着信息通信技术的持续创新，信息采集、传输、存储和处理等技术被广泛应用于传统产业的每一个环节。例如，在生产线上，传感器和自动化设备实现了智能化生产；在销售和流通环节，数字化技术优化了供应链，提高了效率；在服务领域，大数据和云计算为客户提供了更为个性化和高效的服务体验。这种融合不仅改变了传统产业的生产组织方式，还提高了产出和效率。因此，融合型数字经济不仅仅是数字技术的延伸，还是传统产业转

① 中国信息通信研究院．中国数字经济发展白皮书（2017 年）[EB/OL].（2017-07-14）[2023-10-25].http://www.caict.ac.cn/kxyj/qwfb/bps/201804/t20180426_158452.htm.

型升级的关键驱动力。

（三）效率型数字经济

效率型数字经济重点突出了信息通信技术在提高整体生产率中的作用。与仅仅在特定环节应用信息技术不同，效率型数字经济强调的是如何通过技术的广泛应用来实现整体生产效率的最大化。全要素生产率是衡量一个经济体生产效率的关键指标，它反映了在劳动、资本和其他输入不变的情况下，产值的变化情况。信息通信技术在此背景下起到了至关重要的作用。从数据分析、自动化流程到供应链优化和跨平台整合，这些技术让企业和组织能够更加高效地运作，从而降低成本、提高生产力，并加速创新。效率型数字经济的核心是通过数字技术不断追求生产和经营的最佳状态，使得在相同的资源投入下，获得更多的经济产出。这也意味着，经济的增长不再完全依赖于传统的物质资本和劳动力投入，而更多地受到技术进步和创新的推动。

（四）新生型数字经济

随着信息通信技术与传统产业的持续融合，一系列新技术、新产品和新商业模式逐渐出现，这些变化正是新生型数字经济的明显标志。例如，区块链、人工智能、物联网等前沿技术带来了数字货币、智能家居、无人驾驶汽车等新产品。更进一步，这些技术和产品进一步催生了共享经济、在线教育、远程医疗等新的商业模式和服务方式。新生型数字经济不仅仅加强了对技术的应用，还对传统经济形态进行了重新定义和创新。它具有强大的创新活力和发展潜力，成了经济增长的新引擎。而且，与传统产业相比，新生型数字经济更具有弹性、适应性和扩展性，能够迅速适应市场和技术的变化，为未来的经济发展创造更多可能性。

（五）福利型数字经济

福利型数字经济是信息通信技术对经济社会领域的深远影响的体现，特别是在提升社会福利方面。随着这些技术的广泛应用，经济社会领域得到了诸多正外部效应。例如，数字技术的应用可以加强社会信任，因为数据透明性和信息共享为公众提供了更加明确的决策背景，有助于减少误解和猜测。此外，数字技术也大大增强了公共安全，智能监控、数据分析和预测模型等技术手段可以更加有效地预防和应对安全威胁。而且，数字平台为社会参与提供了更广泛的空间，人们可以通过各种数字渠道更加便捷地参与到公共事务中，分享意见和反馈，这也进一步促进了公民的积极参与和公共事务的透明管理。

三、数字经济的属性

（一）数字经济是继农业经济、工业经济之后的更高级经济阶段

作为人类历史上第三经济形态，数字经济具有鲜明的时代特征，信息的零边际生成成本、复制无差异性、即时传播等特征颠覆了物质、能量要素的独占性与排他性，随之也颠覆了一些固有的农业经济和工业经济理念。数字经济与农业经济、工业经济的基本差异在于，数字化的知识和信息上升为关键生产要素。从生产工具来看，传统工业经济中的电动机和制造装备等能量转换工具，被信息所改造，成为具有感知、传输、处理、执行能力的智能工具，以及智能工具组合而成的智能制造生态系统。从基础设施来看，在数字经济中除了传统的铁路、公路等交通基础设施外，宽带、泛在、融合的网络基础设施成为经济社会运行不可或缺的重要支撑。

（二）普惠性是数字经济的根本属性

数字经济的开放、包容、协作、共享、共赢等特征不断凸显，其共同交集是普惠性，让更多的人受益，确保人人都能从数字经济的发展中受益。数字经济给人类带来的财富和福利增长毋庸置疑，更重要的是这些财富和福利的增长将惠及更多的人群。数字经济借助时空压缩之功，尽可能地兼顾每个人，给每个人的全面发展提供比历史上任何一个时期都要大的自由度。数字经济能够让每个人享受更多的健康、自由和幸福。

（三）创新是数字经济最稀缺的资源

在农业经济中，最稀缺的资源是劳动力；在工业经济中，最稀缺的资源变成资本；而在数字经济中，信息技术使得资本的稀缺性降低，那些具有创新精神并创造出新产品、新服务、新商业模式的人才在市场资源配置中的作用不断凸显，信息链条顶端的创新思想成为比资本更稀缺的资源，资本的支配地位要让位于最具创意的人力资本，创新型人才比以往任何时候都重要。信息是数字经济中的一个基本生产要素，在零边际生产成本和网络效应的作用下，数字经济会呈现要素回报递增的规律，从而带来领先者“恒久领先、大者愈大”的新趋势。

四、数字经济时代的特征

数字经济时代的特征如图 1–1 所示。

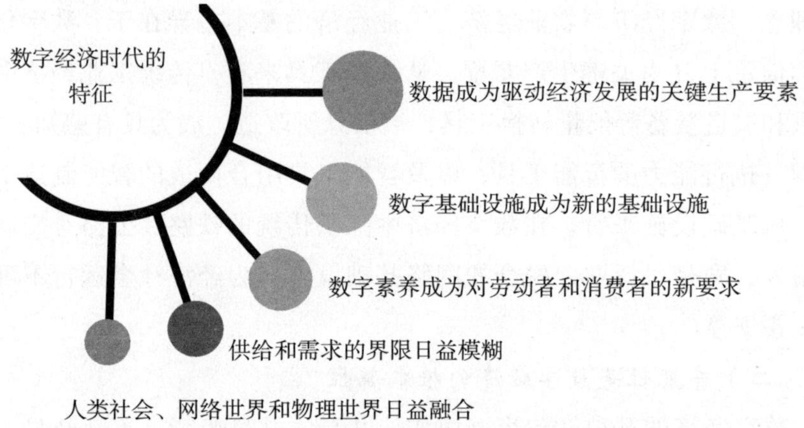

图 1–1　数字经济时代的特征

（一）数据成为驱动经济发展的关键生产要素

随着移动互联网和物联网的迅猛进展，现代社会正经历着一场由数据推动的革命。人与人、人与物、物与物之间的连接不断加强，使得数据生成的速度和规模前所未有，如大数据摩尔定律所描述的那样，数据量大约每两年翻一番。这种爆炸性的数据增长不仅引发了大数据这一概念的产生，还使数据逐渐崛起为至关重要的战略资源。在这种背景下，数据已不仅仅是简单的信息或记录，还成为企业乃至国家的核心实力。掌握大量且有价值的数据意味着拥有决策、竞争和创新的优势。

进一步而言，数据在数字经济时代的角色已经与农业时代的土地和劳动力、工业时代的技术和资本一样，已经成为数字经济生态中最为核心的生产要素，是推动经济增长、科技进步和社会发展的关键因素。数据的价值不仅仅体现在其量化的规模上，还体现在其如何被应用和转化为实际的价值。数据驱动的创新正在迅速渗透到科技研发、经济、社会等各个领域，它不仅仅是一个技术或商业概念，还是决定国家和企业未来竞争力和发展方向的核心要素。

（二）数字基础设施成为新的基础设施

在工业经济时代，以铁路、公路和机场等“铁公机”为代表的物理基础设施起到了关键作用，它们是当时经济增长和社会进步的基石。这些传统的基础设施为物质的流通和人员的迁移创造了条件，从而推动了整体经济的发展。然而，随着数字技术的出现和发展，经济和社会的运行方式发生了根本性的变革。网络和云计算逐渐崛起，成为现代社会的关键信息基础设施，它们为信息和知识的无缝流通提供了可能，从而为经济活动创造了全新的动力源。

在数字经济的浪潮中，数字基础设施的定义也在持续扩展。除了初期的宽带和无线网络这些信息基础设施，数字基础设施的概念还进一步延伸到了传统物理基础设施的数字化改造中。例如，通过安装传感器的水管系统可以实时监测供水状况和潜在的问题，数字化停车系统和交通系统能够提高城市交通的效率和管理能力。这种融合使得工业时代以“砖和水泥”为代表的物理基础设施逐步转型为数字时代以“光和芯片”为核心的新型基础设施。这不仅改变了城市和社区的运行方式，还为数字经济的持续发展和创新提供了坚实的基础。

（三）数字素养成为对劳动者和消费者的新要求

在农业经济和工业经济的时代背景下，对消费者的文化素养基本上并没有明确的要求，而对劳动者虽然有文化素养期待，但这通常仅局限于特定的职业和岗位。这种情境与当前的数字经济时代形成了鲜明的对比。在数字经济的背景下，数字素养不再是一个“附加值”，而是一个基本要求，无论是对劳动者还是消费者都如此。数字素养不仅代表了对数字工具的熟练使用，还涉及对数字化信息的理解、评估和应用，这是现代社会中一个至关重要的技能。

当数字技术日益渗透到各个领域，劳动者面临的是双重技能的需求：数字技能和专业技能。这一需求背后隐藏着一个令人担忧的现实，即全球普遍面临数字技术人才短缺问题，很多公司表示难以找到合适的数据人才。因此，高度的数字素养成了劳动者在就业市场中脱颖而出的关键。与此同时，对于消费者来说，没有基本的数字素养等同于在数字时代变成“文盲”，无法有效利用数字化的产品和服务。数字素养已经上升到与基本的听、说、读、写技能同等重要的地位，成为数字时代的基本权利。无论是为了更好地消费数字化的产品和服务，还是为了更有效地参与数字经济的生产过程，提高数字素养都是至关重要的。这不仅是数字经济持续健康发展的关键因素，还是构建数字时代公民身份的重要基石。

（四）供给和需求的界限日益模糊

传统经济模型中，供给侧和需求侧往往被清晰地划分开，但数字经济的快速发展打破了这一界限。供给和需求现在更趋向融合，逐渐塑造出“产消者”这一新角色。例如，在供给侧，新兴技术，如大数据和 3D 打印使得企业能够更灵活地应对消费者需求，从而开发更有针对性的产品或服务。这不仅满足了市场需求，还改变了行业内的价值链。大数据技术能够精准地捕捉消费者的行为和偏好，进而指导产品设计和生产，而 3D 打印则允许更高程度的个性化。同样，在公共服务领域，政府也通过分析经济社会数据来更精准地进行政策决策。

在需求侧，透明度的提升和消费者参与度的增加也促使供应商必须调整自己的操作模式。消费者现在拥有更多的信息和选择权，从而对供应侧产生了更大的影响。新的消费模式，如众包或共享经济，进一步模糊了供需双方的界限。这些变化不仅影响了产品和服务的设计、推广和交付，还重新定义了供应链和价值链，造就了更加动态和互联的经济生态系统。因此，供给和需求之间界限模糊是数字经济发展中的一大特点，它要求各方适应这种趋势，重新思考经济行为和商业模式。

（五）人类社会、网络世界和物理世界日益融合

数字技术的快速发展已经对人类的生活和工作方式产生了深远的影响。网络世界已经不再只是物理世界的简单映射，而进化为一个与物理世界并存的新的维度，成为人类新的活动领域。与此同时，数字技术和物理世界之间的融合也正在加快物理世界的发展速度，使其与网络世界越来越相近。这种融合是通过信息物理系统（CPS）实现的，该系统是一个结合了计算、传感器和致动器设备的集成控制系统。这意味着物体不再仅仅是静态的存在，还与其他系统互相协作，使得物理世界与数字世界之间的界限逐渐模糊。

随着人工智能、VR（虚拟现实）、AR（增强现实）等技术的进步，“人机物”三者之间的融合更加紧密。这种融合不仅改变了人类与物理世界的互动方式，还进一步强调了人与机器之间的有机协作。这种交互的方式促使机器和人类之间建立更为紧密的联系，使物理世界、网络世界和人类社会三者之间的界限逐渐消失，它们共同构建了一个互联、互通的全新世界。这种界限的模糊化意味着供给和需求之间的传统边界也在发生改变，为企业和消费者创造了全新的机会和挑战，进一步推动了数字经济的快速发展。

五、数字经济发展的最新进展

2022 年，我国数字经济实现更高质量发展，进一步向做强做优做大

的方向迈进，主要表现在以下几方面。

一是数字经济进一步实现量的合理增长。2022 年，我国数字经济规模达到 50.2 万亿元，同比名义增长 10.3%，已连续 11 年显著高于同期 GDP 名义增速，数字经济占 GDP 比重达到 41.5%，这一比重相当于第二产业占国民经济的比重。[①]

二是数字经济结构优化促进质的有效提升。2022 年，我国数字产业化规模达到 9.2 万亿元，产业数字化规模为 41 万亿元，占数字经济比重分别为 18.3% 和 81.7%。其中，三二一产数字经济渗透率分别为 44.7%、24.0% 和 10.5%，同比分别提升 1.6、1.2 和 0.4 个百分点，二产渗透率增幅与三产渗透率增幅差距进一步缩小，形成服务业和工业数字化共同驱动发展格局。[②]

三是数字经济全要素生产率进一步提升。从总体上看，在 2012 年至 2022 年间，我国数字经济全要素生产率从 1.66 增长至 1.75，这一增长率明显高于整体国民经济生产效率。[③]这表明数字经济不仅自身具有高效性，还在整体经济中起到了支撑和拉动作用。分产业看，第一产业在数字技术的助力下全要素生产率轻微增长。第二产业经历了一个较为复杂的变化过程，其全要素生产率在过去十年里先实现了增长，随后又呈现出下降的态势。而第三产业则在数字化的推动下，全要素生产率大幅上升，明显地展现出其在数字经济时代的领导地位。

四是数据生产要素价值进一步释放。通过制度创新和市场建设，数据生产要素价值得到更为全面和深刻的释放，为数字经济的持续和快速

① 中国数字经济发展报告（2023 年）[EB/OL].（2023-05-10）[2023-10-25].http://www.360doc.com/content/23/0510/09/1080090077_1080090077.shtml.

② 中国数字经济发展报告（2023 年）[EB/OL].（2023-05-10）[2023-10-25].http://www.360doc.com/content/23/0510/09/1080090077_1080090077.shtml.

③ 中国数字经济发展报告（2023 年）[EB/OL].（2023-05-10）[2023-10-25].http://www.360doc.com/content/23/0510/09/1080090077_1080090077.shtml.

发展打下了坚实的基础。在制度层面，数据产权、流通交易、收益分配以及安全治理等基础制度得到加速建设，有效地解决了数据价值释放过程中的多种问题和挑战。这一系列制度建设成为推动数据价值最大化的关键支柱。与此同时，数据要素市场建设步伐明显加快，表现为数据产业体系的进一步完善。不仅如此，数据确权、定价和交易流通等方面也开始出现市场化探索，这些探索为数据生产要素价值的进一步释放提供了更为多元和灵活的路径。随着这些制度和市场机制的不断成熟，数据作为一种重要的生产要素，其内在价值得到了更加充分的挖掘和应用，进而推动整个数字经济生态系统健康、高效发展。

六、数字经济时代企业发展面临的挑战

（一）传统企业面临转型阵痛

在数字经济高速崛起的时代背景下，传统企业正面临着前所未有的转型阵痛。首先，大数据分析、云计算等技术手段的应用使传统企业面临艰巨的挑战。从当前来看，传统实体商超正呈现出消费额大幅下降的态势。从长远来看，咨询业、信息服务业等相关服务性企业也都面临被淘汰的风险。其次，数字经济特有的跨界和融合特点，使市场竞争更加激烈。与传统企业不同，许多新兴的互联网企业都借助强大的技术力量和创新商业模式进入传统行业，这不仅给原有的传统企业带来很大的冲击，还使数字经济内部的竞争更为尖锐。传统企业原本的发展策略，如基于原有业务领域进行外延拓展，在新的数字经济格局下显现出了不足。面对如此多的变革与挑战，传统企业如果不能及时自我革新和融入新的技术浪潮，将难以在激烈的市场竞争中保持领先。

（二）复杂的信息环境影响企业战略制定和信息反馈

在数字经济浪潮下，市场的发展呈现出瞬息万变的特点，风险与机遇并存。只有那些深入了解并能够迅速判断信息变化的企业，才有可能规避潜在风险，同时把握市场机遇。但在这一过程中，加快的信息传递

速度和不断扩大的传播范围使得信息环境愈发复杂，甚至神秘化，对企业的反应速度、信息辨别能力，以及获取真实信息的能力都提出了更高的挑战。

首先，与传统的一点对多点的信息传播模式不同，互联网时代的信息传播更加迅速，具有多点、多角度、多维度的联结特点。这使得一些负面信息的传播速度和影响范围大大增强，远超以往，在形象建设与维护方面为企业带来了很大的压力。在这样的背景下，企业需要更高的应对能力，确保在面对负面信息时，能够及时、有效地做出反应。

其次，数字经济中的开放互联网环境固然为人们提供了丰富的信息来源，但其中也混杂着大量失真、虚假的信息。这些不准确的信息不仅使企业难以分析真实的经营环境，还在某些情况下可能导致企业基于错误信息制定不当的战略决策。

最后，尽管信息量大增，但信息获取迟滞仍是一大隐患。企业的前瞻性战略规划和决策都基于全面、准确的信息分析。如果企业不能及时、全面地了解经济和社会信息，很可能会错失短暂的市场机遇，从而面临发展上的挑战和风险。

（三）企业权利与义务的调整与改变

数字经济中，企业角色变得更加多样化，开始从原来单纯的产品生产者和提供者向服务提供者、平台的搭建者、信息收集和保管的守护者转变。这不仅是对企业运营能力和关注焦点的考验，还对企业承担责任和义务提出全新要求。一方面，在商品和服务提供内容和类型转变过程中，企业要担负起监管和维护的责任。在互联网中，网络平台需要对产品的合法化、健康化等进行监督和管理。这在平台经济中具有最突出的表现。企业作为平台的搭建者和维护者，为交易双方提供经济交易的桥梁。尽管平台企业不是最终商品与服务的提供者，但是对商品及服务的质量、安全具有重要的监管和维护责任。这对企业任务和角色的调整和转换提出了更高要求。另一方面，企业需要肩负尽职保管信息、确保存储和使用安全的责任。在数字经济中，信息具有宝贵的价值，是人们能够享受便利的基础。与此同时，庞杂的信息中具有海量的个人信息，个人信息的不当流出会给消费者带来风险，甚至造成损失。因此，信息安全和隐私权保护对企业提出新的要求。企业需要对信息进行妥善保管、保护和维护，确保所掌握信息不被泄露，也不被滥用。

第二节　企业数字化转型的概念及意义

一、企业数字化转型的概念

企业数字化转型是指运用 5G、人工智能、大数据、云计算等新一代数字技术，改变企业为客户创造价值的方式，进而推动企业业务实现新的增长。[①]数字化转型对业务的流程、场景、关系、员工等要素重新进行了定义，内部完成全面在线，外部适应各种变化，从前端到后端实现自动化和智能化，最终创造价值。如今，数字技术正融入企业的业务模式、生产运营、产品与服务当中，用以转变企业客户的业务成果及商业与公共服务的交付方式。这通常需要客户的参与，也涉及核心业务流程、员工，以及与相关方交流方式的变革。

数字化转型是在数字化转换和数字化升级的基础上，进一步触及企业核心业务，以发展和建立新的商业模式为目标的高层次转型。企业数字化转型的三个阶段如图 1–2 所示。

① 胡典钢．工业物联网：平台架构、关键技术与应用实践[M]．北京：机械工业出版社，2022：7.

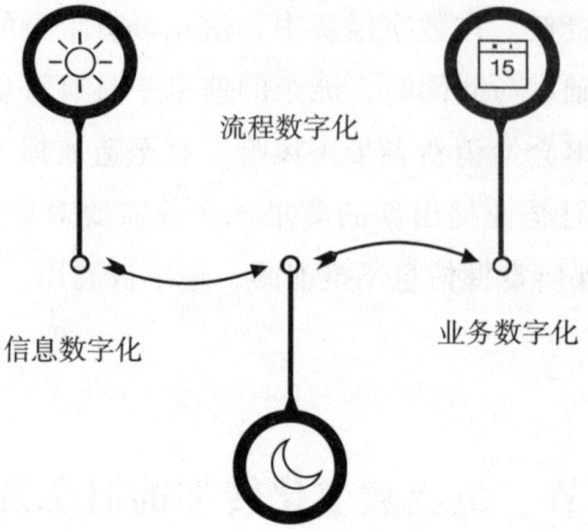

图 1-2　企业数字化转型的阶段

（一）信息数字化

信息数字化是数字化转型的初级阶段。数字化转换反映的是“信息数字化”，是从模拟形态到数字形态的转换过程，如从模拟电视到数字电视、从胶卷相机到数码相机、从物理打字机到办公软件。这一阶段的核心在于将信息转化为二进制的数字形式，即 0 和 1，以便于更高效地进行信息的读写、存储和传输。这种转型不仅大大提高了信息处理的效率和准确性，还为后续的流程数字化和业务数字化打下了坚实的基础。信息数字化为人们带来了前所未有的便利，而这只是数字化转型旅程的开始。

（二）流程数字化

流程数字化是数字化转型的中级阶段，主要聚焦于运用数字技术对企业内部的业务流程进行改造与优化。这一阶段不是简单地采纳新的数字工具，而是要重新设计和改进整个工作流程，使之更为高效、灵活且响应迅速。典型的例子包括企业资源计划（ERP）系统、客户关系管理（CRM）系统和供应链管理（SCM）系统。这些系统的引入与应用，使得企业能够更精确地管理和控制资源，从而提升工作协同效率和资源利用效率。例如，ERP 系统可以帮助企业更有效地管理其生产、销售和库存流程，而 CRM 系统则更关注企业与客户之间的交互，帮助企业提高客户满意度和忠诚度。这些数字化的流程不仅提高了企业的运营效率，还为企业创造了很大的信息化价值，推动其在竞争激烈的市场环境中取得更大的成功。

（三）业务数字化

业务数字化是数字化转型的高级阶段，它不仅仅局限于信息或流程的数字化，还致力打造全新的、富有活力的数字化业务商业模式。在这一阶段中，企业应全面利用数字化技术及其支撑能力，以重新构建和创新其核心业务模式，从而在新的数字空间中探索新的业务机会，并发展出新的核心竞争力。与前两个阶段不同，业务数字化不仅仅是提高效率或优化现有流程，还在于对整个企业的战略定位、商业模式、客户互动方式等进行彻底的改革与革新。这意味着企业需在数字化的基础上，更深入地探索和应用大数据、人工智能、物联网等先进技术，来满足客户的个性化需求，打破传统的商业边界，甚至创造全新的市场空间。

二、企业数字化转型的意义

在数字化背景下开展商务活动，企业面临与以往截然不同的经营环境。身处全新的经营环境，受到数字化相关技术的影响，企业商务活动主体的行为特征、产品属性等都发生了很大的变化，因此进行数字化转型对企业具有重要意义，如图 1–3 所示。

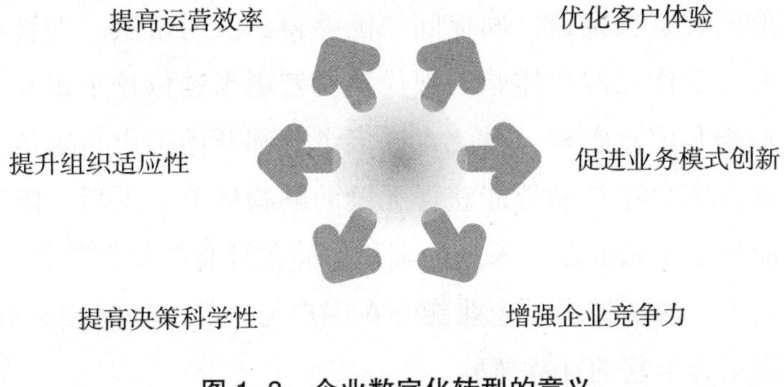

图 1–3　企业数字化转型的意义

（一）提高运营效率

首先，通过自动化工具，可自动化处理大量的重复性工作，减少人工介入和因此产生的错误，使得工作流程更加流畅，减少耗时。例如，数字化仓库管理系统可以实时监测库存，自动补货，大大减少了因库存不足或过剩造成的损失。其次，数据的数字化处理和分析使企业能够迅速洞察业务，快速决策。传统上，数据分析可能需要几天，甚至几周的时间，而在数字化转型后，这一过程可能只需要几分钟到几小时。此外，通过整合企业资源计划（ERP）系统，企业可以集中管理各个部门的资源和流程，实现资源的最大化利用和部门间的高效协作，这无疑进一步提高了企业的运营效率。最后，数字化简化了与供应商、客户的沟通流程，实现了信息的即时传递和反馈，加快了业务响应速度。

（二）优化客户体验

随着数字技术的持续进步，现代消费者期望得到更为个性化、更高效的服务体验。在这方面，数字化转型使企业能够深入挖掘和分析客户数据，从而为每位客户提供量身定制的产品和服务。例如，通过分析用户在线行为和购买历史，企业可以预测他们的购买意向，从而提前为用户推荐合适的商品或服务，提高转化率。此外，数字化也大大简化了与客户的互动过程。智能聊天机器人、自助服务终端和其他自动化工具都允许客户在任何时间获得所需的服务，无须等待，进一步提高了客户满意度。线上客户支持平台，如社交媒体、即时通信软件等为用户提供了更加便捷的问题解决渠道，确保问题能够得到及时解决。而移动端的快速发展也有助于优化客户体验。现代消费者越来越依赖手机和其他移动设备进行购物和信息查询。由此，许多企业都开始推出自家的移动应用或网站，确保客户在移动端能获得无缝的购物体验。最后，随着大数据和人工智能技术日趋成熟，未来的客户体验预计将更加智能化、个性化。例如，通过人工智能技术，企业能够在用户与产品互动时实时提供反馈，为用户带来更为丰富的互动体验。

（三）促进业务模式创新

随着数字技术、大数据和人工智能等的快速发展，企业不再局限于传统的商业模式，而开始创新和重塑业务模式。第一，数字化使企业拥有前所未有的数据访问能力，使企业能够基于真实的、细粒度的客户行为数据来定制服务和产品，进而开创出与众不同的商业价值。例如，订阅经济的崛起，正是基于用户数据的深度分析，可满足消费者对于“按需付费”的偏好。第二，数字化技术让企业能够更快速地进行市场测试和迭代，使得新的商业模式能够在短时间内得到验证并快速调整。像亚马逊这样的电商巨头，就是利用其丰富的用户数据和先进的技术能力，不断进行 A/B 测试，从而不断完善其商业模式和服务。第三，数字化转型还促进了跨行业的合作与整合，为企业带来了全新的商业机会。例如，传统的汽车制造商与技术公司合作开发自动驾驶技术，金融机构与电商平台共同探索金融科技应用，这些都是数字化驱动下的新的业务模式创新。最重要的是，数字化转型推动了“平台化”思维的崛起。众多企业开始构建开放的生态系统，集结各方资源和能力，为用户提供一站式的解决方案，从而创造出更大的商业价值。如今，像阿里巴巴、微软和谷歌这样的企业，已经从单一的产品或服务提供者，转变为拥有丰富生态系统的平台企业。

（四）增强企业竞争力

数字化转型让企业在信息爆炸的时代具有更强的竞争力。首先，数字化使企业可以更有效地收集和分析大量的业务数据。通过实时的数据分析，企业能够迅速捕捉到市场变化、客户需求以及潜在的商机，从而快速调整策略、提供更符合市场需求的产品或服务，这样不仅能够更好地满足客户需求，还能够为企业带来更大的盈利空间。其次，数字化为企业提供了更加广阔的市场和客户基础。通过电子商务、社交媒体和其他在线平台，企业能够触达更多的客户，进入之前难以进入的市场，拓展商业机会。同时，通过数字化手段，企业能够更好地进行品牌推广和营销活动，提高品牌知名度，吸引更多的客户。最后，在一个开放的、多元化的数字化环境中，企业能够更容易地与其他企业或创新者合作，共同开发新产品、新服务或新的商业模式，这种合作为企业带来了新的竞争优势。此外，数据分析还能用于人才管理和团队建设，通过分析员工的工作效率和技能，企业能更精确地进行人才配置和培训，进一步提高整体竞争力。

（五）提高决策科学性

传统的决策往往依赖于经验和直觉，而在数字化环境中，数据成为决策的核心支持力量。大数据技术使企业能够收集、存储和分析前所未有的数据量，便于决策者形成深入的见解。通过数据分析，企业能够准确地识别市场趋势、消费者行为和潜在的业务机会。此外，先进的数据分析工具，如人工智能等，使得企业能够自动预测未来的市场变化，从而更加精准地进行决策调整。这种基于数据的决策方法减少了主观偏见和不确定性，提高了决策的准确性和有效性。同时，实时的数据流使得企业能够快速响应市场变化，迅速实施决策。

（六）提升组织适应性

数字化转型不仅优化了企业的内部运营，还增强了其适应外部变化的能力。在当前这个快速变化的市场环境中，企业面临着各种不确定性，包括政治风险、经济波动和技术革新等。数字化工具，如远程工作平台、在线会议软件和项目管理工具，让企业能在面对这些不确定性时保持稳定的运营。例如，远程工作平台让员工无须到办公室也能高效地完成任务，这样不仅有助于避免突发事件导致的运营风险，还可增加企业招聘不同地域和文化背景人才的灵活性。另外，在线会议和协作工具也让跨地域或跨部门的团队能更有效地沟通和协作。这样的数字化实践不仅提高了组织的工作效率，还使其更具适应性和韧性，能快速应对各种外部挑战和机会。

第三节　企业数字化转型的原则与方法

一、企业数字化转型的原则

企业数字化转型是一个复杂且长期的过程，涉及多个层面的变革和整合。为确保转型行动不但高效而且具有持久性，必须依据一套清晰、全面的原则进行操作。具体来说，企业数字化转型应遵循的原则有如下几点。

（一）坚持价值导向

企业数字化转型不仅仅是为了应用最新的技术或走在潮流的前沿，还要确保这些改变能够为企业创造真实、持续的价值。坚持价值导向意味着企业需要在每一个决策点都以价值贡献为基准。这既包括短期的实效性价值，如提高效率、减少成本，也包括中远期的发展价值，如品牌塑造、市场扩张或新的商业模式创新。

建立覆盖数字化转型的建设与治理体系是实现价值导向的关键。这一体系包括数字化转型重大投资和应用决策、数字化转型成效评价与绩效考核等。通过这样全面而严格的评价体系，企业能确保每一项数字化项目都与其长期价值创造目标紧密相连，从而不断激发企业转型动力和活力。在这个过程中，价值导向起到了一个方向性的作用，确保企业在追求技术创新和效率提升的同时，不偏离其核心使命和长远目标。

（二）坚持数据驱动

在当今数字化时代，数据已经上升为新的生产要素，成为推动企业增长的关键驱动力。深化数据资源的开发与利用，不仅可以促使企业进行以数据为核心的产品与服务创新，还有助于更好地整合和调动企业的内外资源。当信息流得到有效的管理和指导，它可以带动技术流、资金流、人才流和物流，确保这些资源在更大范围内迅速聚合并根据需求进行流动。例如，通过精准的数据分析，企业可以实时调整资源分配，确保生产和供应链的高效运转。同时，数据的深度利用也可以助力企业提高全要素的生产率，从而达到优化运营的目的。更重要的是，数据驱动也可以激发企业的创新潜能，提高其创新水平，使企业在激烈的市场竞争中始终保持领先地位。总之，坚持数据驱动，能为企业的数字化转型带来深远的影响，促使企业在数字化浪潮中领跑。

（三）坚持创新引领

坚持创新引领意味着不仅要关注现有业务和技术的应用，还要在战略层面持续推进新一代信息技术及其应用产品的研发。创新不应仅限于技术层面，还应涵盖产品、商业模式和服务等多个维度，以形成全方位的竞争优势。通过集中攻关和高度的资源配置，企业可以在关键领域实现技术突破，从而推动和支持创新成果和能力的输出。

技术和产品迭代优化是持续创新的关键环节，需要在全产品生命周期内得到充分关注。而在数字化转型中，除了对功能和性能的追求，安全性也是不可或缺的一环。聚焦本质安全需要，意味着在各个阶段充分考虑安全因素，确保从企业到完整产业链的安全可靠。在当前日益复杂的网络安全环境下，安全问题不仅会影响企业自身，还可能影响到整个产业链，甚至对社会经济造成严重影响。因此，坚持创新引领不仅要推动技术和产品迅速发展，还需要全方位确保其安全性和可靠性，以构建更为健壮、更具竞争力的数字化企业。

（四）坚持开放合作

在当今全球化和数字化的背景下，闭门造车已经不再可行。企业需要树立开放和包容的发展理念，这意味着必须加强资源和能力的开放共享。这种方式不仅能够为企业带来更多的外部资源和先进技术，还可以帮助企业补齐其在发展过程中的能力短板。例如，通过与外部合作伙伴共享技术和资源，企业可以更快地学习和吸收全球最先进的技术与实践，加速自身的技术进步和业务创新。此外，基于平台的能力社会化输出不仅可以将企业的优势能力分享给更多的合作伙伴，还可以构建一个互利共赢的合作生态，使所有参与者都从中受益。这样的开放合作模式，不仅可以帮助企业更好、更稳地加快数字化能力建设，还能使其拥有更强大的竞争力和更持久的生命力。

（五）坚持深化改革

在当前生产力和生产关系快速发展的时代，企业必须掌握生产力与生产关系协同优化和持续变革的规律与趋势。特别是在国资国企进行深入改革的背景下，企业更需要同步推进新一代信息技术的应用与组织管理机制的变革。这样做不仅可以破除传统业务发展的瓶颈，还能为业务的数字化改革提供有力的支撑。实际上，随着技术的快速发展，尤其是信息技术，企业如果不进行深入的改革，很容易被市场淘汰。此外，为了确保企业在数字化转型中取得实效，必须加速推进业务数字化的改革试点，并将其中的最佳实践复制到整个企业。这样不仅可以为新技术、新产品、新模式和新业务的发展创造一个良好的环境，还可以为这些新发展留下充足的空间，确保企业在数字化转型中能够取得长足的进步。

（六）理论与实践相结合

在企业转型过程中，单纯依赖理论或实践都难以真正成功。理论为企业提供指导思想和方向，帮助企业明确转型的目标和路径，确保企业在正确的轨迹上前进。而实践则是检验理论正确性的直接方式，通过在实际中不断地尝试和调整，企业能够找到最适合自己的转型方法和策略。另外，实践中的经验和教训也可以反过来丰富和完善理论，使其更加接近实际，更具操作性。只有当理论与实践紧密结合，相互印证，企业的数字化转型才能够真正取得实效，达到预期的目标。同时，这种结合也有助于企业在转型过程中减少不必要的尝试和错误，提高转型的效率，确保在竞争激烈的市场中立于不败之地。

（七）自主可控、内外结合

在全球化的时代，企业很难完全独立进行转型，需要借助外部资源和技术。这时，内外结合原则就显得尤为重要。通过与外部公司合作，企业可以更快地获取新技术、新思路，同时可以更快地适应市场变化。然而，合作并不意味着放弃控制。任何的外部合作都应建立在企业的自主控制基础上。因为，只有企业自己最了解自己的需求和战略方向，外部公司的提议和方案，无论多么高明，都不可能完全符合企业的真实需求。另外，完全依赖外部公司在转型过程中，很可能导致企业失去对自己的控制，变得被动。此外，外部公司先考虑的是自己的利益，而不是企业的长远发展。如果完全听从外部公司的建议，企业可能会陷入短视，为了短期利益而放弃长远的战略目标。因此，企业在数字化转型过程中，必须坚持自主可控、内外结合的原则，确保转型的方向和节奏都掌握在自己手中，确保企业的长远发展和竞争优势。

（八）全局规划、分步实施

在当今的商业环境中，快速变化和不确定性已成为常态。在这种背景下，企业必须具备前瞻性的全局思维，确保长远战略目标的实现，同时需要具备灵活性，以适应不断变化的市场和技术环境。全局规划意味着企业在开始进行数字化转型之前，需要先对整个组织的业务、技术和文化进行全面分析和评估。这不仅仅是为了明确当前的状况，还为了确定未来的发展方向和目标。这种全局性的思维方式确保企业不会在转型过程中迷失方向，或者被短期的挑战和困难所困扰。而分步实施则有助于全局规划的落地。许多企业已意识到，尽管全局的目标和方向已经明确，但在具体的执行过程中，还需要根据实际情况进行调整和优化。分步实施便于企业在每一步都进行评估和调整，确保每一步都朝着最终的目标前进。此外，分步实施还能帮助企业更好地管理风险和资源。通过将整个转型过程分解为多个小步骤，企业可以更好地聚焦于当前最重要的任务，同时可以根据实际进展来调整资源和优先级，确保转型的平稳进行。

（九）适时调整、持续优化

企业数字化转型不是一个一次性的过程，而是一个持续的、动态的过程。在这个过程中，企业需要根据内外部环境的变化以及转型效果的实际反馈，不断地进行调整和优化。

首先，市场、技术和消费者需求都是处在不断变化之中的。一个原本看似完美的转型方案，可能因为外部环境的变化而变得不再适应。例如，新的技术的出现可能使原本的转型策略过时，而竞争对手的策略调整可能使企业的市场定位面临挑战。这时，企业必须有能力及时地识别这些变化，并根据这些变化来调整自己的转型策略。其次，数字化转型本身也是一个探索和学习的过程。尽管企业在转型之初可能已经进行了深入的调研和规划，但在实际执行过程中总会遇到一些意料之外的情况。这时，企业需要根据这些实际的反馈来进行调整，确保转型方案始终是最优的。此外，持续优化也是确保数字化转型成功的关键。转型初步取得成功之后，企业不能停下脚步，而要继续寻找更好的方法和技术，进一步提高转型的效果和价值。这样不仅可以确保企业始终处于市场的前沿，还可以为企业带来持续的竞争优势。

二、企业数字化转型的方法

数字化转型不是简单地将某一项新技术投入使用，而是一次涉及企业战略、人才、商业模式以及组织方式的全面变革，深刻影响企业的发展。面对成本越来越高、风险越来越大的企业数字化建设，企业必须谨慎启动数字化转型工作，把握数字化转型过程中的关键点，切实推进数字化转型的深入发展。[①] 企业数字化转型应从以下五方面入手，如图 1-4 所示。

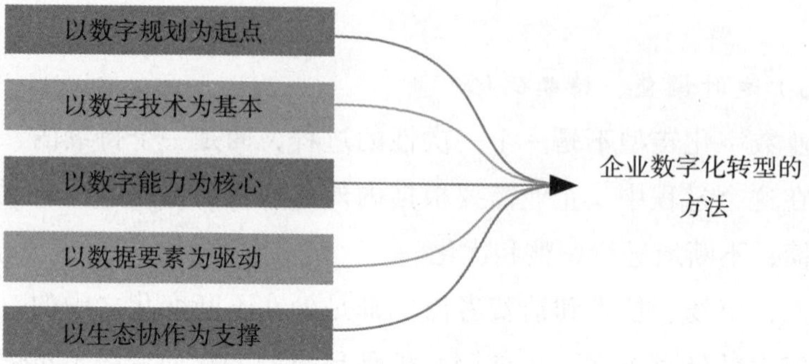

图 1-4　企业数字化转型的方法

（一）以数字规划为起点

数字化转型作为一个系统性工程必须有相对应的顶层设计指明方向。利用数字化思维与科学方法进行整体规划，做好顶层设计，是企业进行数字化转型的关键路径与方法。企业应该以客户体验与业务战略为重点，立足当下，着眼未来，进行数字化顶层设计的统筹规划，主要包括以下几个方面。

1. 明确数字化转型的愿景

企业愿景是企业创始人、最高管理者对未来企业发展的期望，直接决定企业的发展面貌。企业在进行数字化转型时为了明确未来设想、责任任务、行为规范和方式方法，顺利开展数字化转型战略中的各项工作，需要严格以企业数字化转型战略的分析结果为基础，建立科学的理论体系和思想方法，明确企业数字化转型的愿景。明确数字化转型的愿景可以从以下两方面入手。

（1）站在未来看现在。随着第四次工业革命的到来，企业的传统生

① 张晓燕，张方明．数实融合 数字经济赋能传统产业转型升级 [M]. 北京：中国经济出版社，2022:43.

产和管理模式正在发生很大的转变，数据正与各产业融合，工业经济面临着很大的挑战，而数字经济迅速崛起。预计在接下来的 5 ～ 20 年，这场革命将对企业的运营模式和生存环境带来翻天覆地的变化。为了在这种变革中生存和发展，企业必须提前做好准备。这需要企业站在未来的角度，思考在未来 10 ～ 20 年中希望自己能够成为什么样的企业，以及在数字经济中如何发挥自己的核心竞争力。这样的前瞻性思考有助于企业制定有远见的数字化转型愿景。

（2）立足现在看未来。虽然前瞻性的思考是制定愿景的关键，但真正的转型并不会在短时间内完成，而需要企业长期持续努力。因此，在制定愿景时，企业还需要考虑自身当前的情况。这意味着，企业需要深入评估自己的现状，明确自己的资源和优势，了解当前所处行业和产业的发展趋势，以及数字化的发展进程。这样，企业才能确保所制定的愿景既有远见，又与当前的现实情境相匹配，能为企业接下来 10 ～ 20 年的发展提供科学的指导，并确保数字化转型沿着正确的路径前进。

2. 明确数字化转型的战略定位

企业数字化转型战略定位的确定对数字化转型工作有着直接影响，有准确的定位才能顺利推进数字化转型。企业要根据自身的实际情况决定采用进攻型战略、保守型战略还是撤退型战略。企业若是采用进攻型战略，就要全力以赴、跨步前进；若采用保守型战略，就要按部就班、稳步推进；若是采用撤退型战略，就要退出低效竞争，或彻底打破原本的模式和战略，实现数字化变革。

3. 制定数字化转型的目标体系

企业的数字化转型是一种整体性、系统性变革，在目标体系制定中要平衡长期目标、中期目标和短期目标三者之间的关系，做到三者兼顾。短期目标通常关注技术升级和基础设施建设，如云迁移、数据集成等，以为后续的转型打下基础。中期目标可能涉及业务流程的优化、新业务模式的探索和数字技能的培训，为企业带来初步的数字化收益。而长期目标则聚焦战略，如企业文化的塑造、新的商业生态的建立等，直接影响企业在数字化时代的竞争地位。在制定目标体系时，企业不仅要充分考虑这三个阶段的目标，还要确保它们之间的连贯性和协同性，从而确保数字化转型能够持续、稳健地推进，为企业创造持续的价值。

4. 完善数字化转型的评价机制

首先，企业需要设计一套科学、合理的指标体系来评估数字化转型的效果。这套指标体系应该涵盖技术、业务、组织和文化等多个维度，确保能够全面、客观地反映转型的实际成果。其次，企业还需要建立一个完善的数字化转型效果评估组织机构，确保评估工作能够得到专业、有力的支持。这个组织机构应该由数字化转型的主要负责人、相关部门的负责人和外部的专家组成，确保评估的公正性和权威性。最后，企业还需要确定一个合理的评估方法和周期，确保能够及时、准确地掌握转型的实际效果，为后续的转型工作提供有力的支持。例如，企业可以选择每季度、每半年或每年进行一次评估，根据评估的结果调整转型的策略和方向。

（二）以数字技术为基本

企业数字化转型的成功往往依赖先进数字技术的引入和应用。数字技术包括大数据、人工智能、云计算、物联网等，能够赋予企业前所未有的运营、决策和创新能力。企业应该加大资金投入，积极研发或引入适合自身的数字技术。

（三）以数字能力为核心

数字能力不仅是企业的核心生存技能，还是企业的宝贵知识资产。它可以协助企业有效提高资产的使用率，进一步提升业务水平和竞争力。企业数字化转型必须以基础数据为支撑，充分利用新一代数字技术实现对平台全方位、多层次的改造。数字能力的提升包括以下三个方面。

（1）利用传感器或相关软件进行数据采集，与本地基础设施建设相结合进行数据信息的储存，或者通过 5G、云技术等使数据上云。

（2）以边缘计算、云计算等技术为支撑，提高数据治理能力，开展数据治理活动，使企业大数据与感知硬件、核心技术、云平台等深入结合，以促进企业形成数据驱动的发展模式。以企业云平台建设为基础，在业务共享服务调用中对技术组件与算法进行封装，形成技术服务组件，提高快速处理业务的技术能力。

（3）充分利用人工智能、大数据以及系统集成等技术，在以恰当合理的形式呈现数据的同时，将其应用在各类业务与运营场景中。为企业的数字化、智能化发展赋能，实现企业管理升级，提高决策能力和决策水平，不断对相关业务以及流程进行优化，实现业务模式的创新。最终，企业可实现数据资源的整合，使各环节数字链条断点互联互通，形成全过程的数据闭环。

（四）以数据要素为驱动

充分利用人工智能、物联网、大数据等数字技术，对个人、企业以及政府等组织的行为所产生的数据进行收集与整理，在生产、供应、营销、运营等业务领域实现数据驱动，助推企业优化客户体验、提高制造效率，创造社会价值，具体表现在以下三个方面。

1. 数字服务

在数字化时代，服务不再只是提供一个产品或满足一个需求，它已经演变成了一个多维度、实时互动的体验。数字服务的核心在于数据，企业在服务的过程中收集、整理与分析数据，更加清晰地掌握客户的喜好与个性化需求，精准地触达目标客户，提高营销活动的投入产出比。在市场策略的优化过程中，以全方位、多维度的销售数据分析和可视化呈现来驱动销售业绩的增长。通过数字技术将服务链延长，提高企业营收。

2. 数字生产

运用先进的数字技术和工具，可使生产过程更加智能、灵活和高效。通过实时数据采集、分析和反馈，数字生产能够精确预测设备的维护需求、优化工艺流程、减少浪费和提高产量。数字化还使得生产线的自动化和自主化成为可能，从而实现生产的连续性和稳定性。同时，数字化技术，如3D打印和虚拟仿真为产品设计和原型制造带来了革命性的变化，大大缩短了产品上市时间。

3. 数字管理

连接、打通并整合系统与系统之间的数据，实现业务场景一体化，企业以此为依据对自身经营管理进行更深入的剖析。在促进流程优化的同时还能够以数据驱动智能化决策，在不同的场景引入具体的、有针对性的模型算法和第三方服务商。

（五）以生态协作为支撑

推动企业发展与生态协同，是数字时代竞争发展的重要趋势，要在创新中不断加速传统企业的数字化转型进程。在数字技术的支持下，企业与市场之间的边界越来越模糊，开始由封闭的机器逐步转化成开放的体系。

以平台为产业运营的核心，有助于打造更加开放、广泛的合作生态。要聚集创新力量，以技术创新和产品完善为支撑，以生态协作的方式加强行业方案场景化设计，赋能变革与创新。未来，“平台 + 生态”的商业模式将会成为产业变革的潮流，不同规模的企业所采用的方式有所不同。

1. 产业链龙头企业

构建产业平台，对相关数据、算法、算力等资源进行整合，通过对应平台连接客户、供应商、员工和合作伙伴，实现价值链资源的汇聚与系统的优化配置，助推企业业务和管理的创新，提升数据驱动的生态运营能力。

2. 中小型企业

充分利用产业链龙头企业所释放的平台能力，上云上平台，实现企业的转型升级。通过数据上云让链主企业更加清晰地了解小微企业的数据和信用情况，利用链主企业的稳定性实现与银行等金融机构的联合，产业链上的微小企业也因此能够获得更加便捷的贷款服务。

第四节 企业数字化发展趋势

随着科技的迅速发展和全球化的不断推进，企业开始面临日益激烈的市场竞争，消费者需求也逐渐多样化。数字化已经不再是企业的选择，而是必然的趋势。在这样的背景下，深入了解和把握数字化的发展趋势，对于企业来说是至关重要的。企业数字化发展的趋势体现在六个方面，具体如图 1–5 所示。

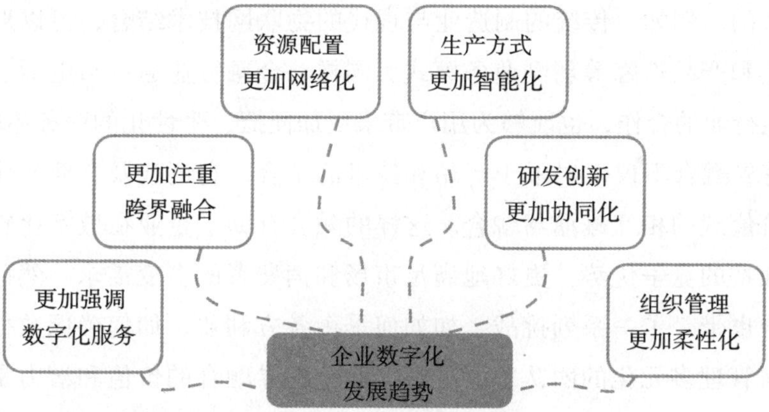

图 1–5 企业数字化发展趋势

一、更加强调数字化服务

在现代企业数字化转型的浪潮中，更加强调数字化服务已经成为主导趋势。随着消费者对服务的需求逐渐向多元化和个性化转变，数字化服务应运而生。不同于传统的服务模式，数字化服务融合了大数据、云计算和人工智能等先进技术，为用户带来了即时、灵活且高度定制的体验。在金融、医疗等领域，数字化服务更是为企业打开了全新的业务模式，增加了收入来源。例如，银行通过数字化平台为用户提供线上信贷、投资等服务，医疗机构则通过远程诊断和在线咨询为患者提供方便快捷的医疗服务。这些都证明，数字化服务化已成为企业在当今竞争激烈的市场环境中获取新优势的关键途径。

二、更加注重跨界融合

在数字化转型的大背景下，企业更加注重跨界融合。跨界融合意味着不同行业、技术和市场的相互结合与协作，可为企业带来新的商业模式和增长点。在经济全球化和技术日新月异的今天，单一业务模式的局限性愈发明显，而跨界融合则为企业打开了探索新市场、新客户和新服务的大门。例如，传统的制造业与现代的物联网技术结合，可以形成智能制造和产品追踪等新型业务模式。同样，金融行业通过与电商、物流等其他行业的合作，也能够为用户带来更加便捷、个性化的服务体验。

跨界融合不仅仅局限于产品和技术的结合，它还涉及企业文化、理念和价值观的相互碰撞与融合。这样的融合有助于企业在数字化转型中找到独特的竞争优势，更好地满足市场和消费者的多变需求。然而，跨界融合也带来了一系列挑战，如如何平衡各方利益、如何确保数据安全和如何管理多元化的团队等。尽管如此，跨界融合的价值和潜力是不容忽视的，它为企业数字化转型提供了强大的动力和广阔的发展空间。

三、资源配置更加网络化

在数字化转型的进程中，资源配置更加网络化已经成为企业运营的新常态。这一趋势意味着，资源不再受限于传统的物理边界和组织结构，而在数字网络中实现了高效、灵活的流动。信息流自然地带动了技术流、资金流、人才流和物资流，进一步实现了跨地域、跨组织和跨技术的资源优化配置。这种从单点向多点、从局部向全局、从静态向动态的优化演进，有助于提升资源配置的效率和效果，促使企业在竞争激烈的市场环境中获得优势。

中国联通的数智产融平台就是一个典型案例。该平台的构建使得多个不同机构，如政府主管部门、国有融资担保公司、平台运营主体，以及银行能够实现信用信息共享。在这样的网络化资源配置下，大数据成了担保机制和企业信用评估的核心决策要素。这样不仅增强了信贷资金的安全性，还确保资金能够更为精准地流入那些真正需要信用贷款的中小企业。这样的实践无疑证明了网络化资源配置在数字化转型中的巨大价值和潜力。

四、生产方式更加智能化

随着数字化转型的深入，企业生产方式即朝更为智能化的方向迅速演进。数字技术的融入，使得企业不仅能够构建更为智能化、柔性化和绿色化的生产体系，还能确保在研发设计、生产制造到营销管理的各个业务环节之间实现无缝衔接与综合集成。这种高度的集成不仅加速了生产流程，还大大提高了生产制造的准确度、灵活度和精细度，使得企业能更为迅速地响应市场变化，满足消费者多元化的需求。

华为就是数字化转型和智能化生产方式的典型代表。经过十几年的不懈探索和实践，华为成功地实现了数字化转型在研发、销售、供应、服务和财经等关键领域的全面落地。这种转型不仅支撑了华为全球业务的高速增长，还使其在数字化转型的过程中积累了大量的宝贵实践经验。这些经验不仅对华为自身的持续创新和优化起到了推动作用，还为其他企业数字化转型和智能化生产提供了有益的参考。

五、研发创新更加协同化

在数字化转型过程中，企业研发创新逐渐从单点、孤立的活动转变为更加协同化、网络化的过程。企业在这一变革中，积极采纳基于互联网的多方参与、深度互动和快速迭代机制，构建创新生态，致力重构产业知识复用、共享和价值再造体系。这种创新生态的形成，使得研发创新能够在不同的时间和空间进行交叉、重组和优化，进而更高效、更灵活地协同创新。

例如，中国商飞公司依托新一代信息技术，成功构建了一个跨领域、多主体的全球协同创新网络，为近 150 个一级供应商之间的数据交互铺设了桥梁。这不仅加速了各个供应商之间的信息流通，提高了协作效率，还使设计、制造和供应三个关键环节实现了基于统一数据源的一体化协同。这样的高效协同，不仅提高了创新的效率，还确保了创新成果在整个供应链中的快速应用和推广，为企业赢得了市场的竞争优势。

六、组织管理更加柔性化

随着数字化转型的推进，企业组织管理正逐渐从传统的层级、固定模式转向更为柔性化、动态的形态。这一转变意味着企业更为注重团队的自主性、创新性和适应性，以快速应对不断变化的市场环境和客户需求。柔性化的组织管理强调的是网络化的协作、跨部门的交互以及多样性的团队结构。在这样的管理模式下，企业能够根据项目需求快速地重新配置资源、调整团队结构、设定任务目标。柔性化的组织管理还意味着企业能够更好地利用全球化的资源，通过远程工作、灵活的工作时段和跨时区的团队合作来实现全天候的运营。此外，柔性化的管理模式为员工提供了更大的自由度，增强了他们的责任感，使他们能够根据自己的专业技能和兴趣选择合适的项目参与，从而激发员工的创新潜能和工作热情。

第二章 企业内部审计理论基础

认清内部审计的本质，把握内部审计的发展规律，对内部审计的基本原理进行分析，是开展企业内部审计数字化转型的基础和前提。本章第一节介绍了内部审计的基本知识，第二节阐述了内部审计机构与人员，第三节分析了内部审计程序，第四节阐述了内部审计管理。

第一节 内部审计概述

内部审计是对公司及所属各部门、各分公司内部控制的健全、有效性，会计及相关信息的真实、合法性，资产的安全、完整性，经营活动的合规性以及经营绩效等进行的检查、监督和评价过程，是在公司及所属各部门、各分公司自我监督的基础上实施的再监督。①

一、内部审计的概念

内部审计是公司内部经济监督的一种形式，是公司审计部在董事会、

① 陈晟．房地产财务管控全方案：图解版[M]．广州：广东经济出版社，2017：232.

审计委员会的领导下，依照国家有关法规和公司相关规章制度，独立、客观地监督、评价公司及其下属单位的财务收支及其经济活动的真实性、合法性和效益性，以达到查错防弊、防范和降低经营风险、改善经营管理、提高经济效益的目的。

真实性是指企业的财务会计、统计等记录必须如实反映企业的实际经营管理成果，必须按照国家相关的经济法规、政策和公司董事会的有关规定，记录和反映企业的经营管理活动。

合法性是指企业的一切经营管理活动必须符合国家相应的法规、政策条例，必须符合公司董事会决议及公司的有关规章制度。

效益性是指企业的一切经营管理活动都必须围绕如何产生更大的经济效益来进行。

二、内部审计的业务范围

内部审计的业务范围主要包括以下几点。

（1）贯彻执行国家审计法规，制定或参与研究制定企业（部门）有关规章制度。

（2）对企业（部门）资金、财产的安全、完整性进行监督检查。

（3）对企业（部门）财务收支计划、经营预算、信贷计划、外汇收支计划和经济合同的执行情况及其经济效益进行审计监督。

（4）对企业（部门）内部控制系统的健全有效性进行监督检查。

（5）对企业（部门）会计资料的真实性、正确性、合法性、合规性进行审计。

（6）对企业（部门）严重违反财经法纪的行为进行专案审计。

（7）办理企业（部门）领导、上级内部审计机构交办的审计事项。

（8）配合国家审计机关或会计师事务所对本企业（部门）进行审计。

三、内部审计的特征

一般而言，内部审计具有以下几个特征，如图 2-1 所示。

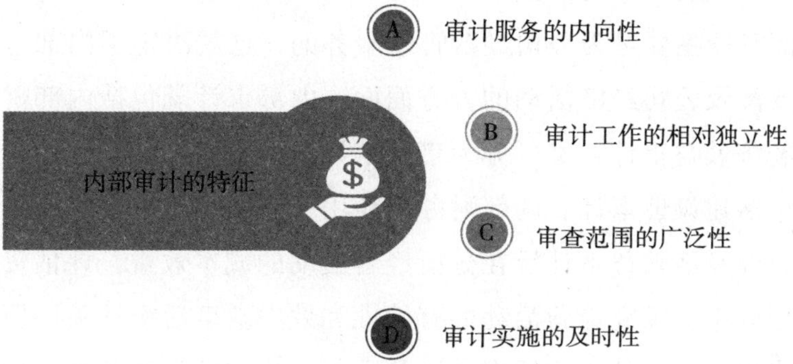

图 2-1 内部审计的特征

（一）审计服务的内向性

审计服务的内向性是指内部审计服务主要面向公司内部，目的在于促进公司经营管理和经济效益的提高。因而内部审计工作者既是公司的审计监督者，也是根据公司管理要求提供专门咨询的服务者。他们通过深入评估组织的风险管理、内部控制和治理过程，为管理层提供有关如何改进这些过程的建议和意见。这样的服务具有明确的目标和方向，所有的审计活动和咨询都是为了满足公司内部的具体需求，推动组织实现其战略目标，提升运营效率和合规性。服务的内向性是内部审计的基本特征。

（二）审计工作的相对独立性

内部审计同外部审计一样，都必须具有独立性，在审计过程中必须根据国家法律法规及有关财务会计制度，独立地检查、评价公司及所属公司的财务收支及与此相关的经营管理活动。另外，由于内部审计机构是内设的机构，内部审计人员是公司的职工，这就使内部审计的独立性受到很大的制约，特别是在遇到国家利益与公司利益冲突的情况下，内部审计机构的独立决策可能会受到公司利益的限制。因此，内部审计的独立是相对的。

（三）审查范围的广泛性

内部审计主要是为公司经营管理服务的，这就决定了内部审计的范围必然要涉及公司经济活动的方方面面。内部审计既包括内部财务审计和内部经济效益审计，又可分为事后审计和事前审计；既包括防护性审计，又包括建设性审计。内部财务审计用于评估财务报告的准确性和完整性，内部经济效益审计旨在分析经营活动的成本效益，评估资源的配置和利用效率，探究经营活动的有效性和效率。事后审计关注历史数据和已发生事件的评估，事后审计则侧重于未来的计划和预测，为决策提供支持。防护性审计旨在识别和缓解风险，确保组织资产的安全和完整，而建设性审计则更注重提出创新和改进的建议，推动组织持续发展。

（四）审计实施的及时性

内部审计机构是公司的一个部门，内部审计人员是公司的职工，因而可根据需要随时对公司的问题进行审查。一是可以根据需要简化审计程序，及时开展审计；二是可以通过日常了解及时发现管理中存在的问题或问题的苗头，迅速与有关职能部门沟通或向公司最高管理者反映，以便采取措施，纠正已经出现和可能出现的问题。

四、内部审计的职能与作用

（一）内部审计的职能

作为内部控制的重要组成部分，内部审计通过对企业的风险管理、内部控制以及治理过程进行监督与评价，控制企业的经营风险，提高企业的运作效率及管理水平。内部审计的职能如下所述。

1. 经济监督职能

内部审计的经济监督职能是其最基本的职能，是指对企业经济活动进行全面审查，确保组织的资源得到高效、合理的使用，并符合法律法规及内部政策。该职能的发挥有助于发现和预防欺诈、浪费和滥用现象。经济监督职能要求内部审计员具备敏锐的洞察力和判断力，能够深入分析企业的财务报表、记录和交易，确保其真实、公正地反映企业的经济状况和运营成果。在此基础上，审计员还需评估内部控制系统的有效性，确定其是否足以防止错误和不当行为，保证资产的安全和完整，促进业务目标的实现。

2. 风险管理职能

内部审计的风险管理职能主要涉及识别、评估和管理组织面临的各种风险。审计员在这一过程中扮演着重要角色，他们通过系统分析和评估企业的操作、财务和合规情况，揭示可能威胁组织目标和战略实现的风险因素。风险管理职能不仅包括评估现存的内部控制系统和风险缓解策略的有效性，还包括提出对识别出的风险进行管理和控制的建议和方案。

在实施风险管理职能时，内部审计员需深入了解组织的业务流程、操作环境及外部市场动态，以准确判定各类风险（如运营风险、财务风险、市场风险、信用风险等）和其可能带来的影响。在识别和评估风险的基础上，内部审计员将提出针对性的风险应对策略，帮助组织建立和完善风险管理框架，确保企业目标的顺利实现。此外，内部审计通过定期的审计和监控，不断更新风险评估，确保风险管理措施与组织的变化和外部环境的动态保持一致，从而提升组织的风险适应能力和业务韧性，支持其在不断变化的市场环境中实现可持续发展。

3. 经济评价职能

内部审计的经济评价职能主要是通过对企业的经济活动进行综合评价，以确保资源的高效利用和企业价值的最大化。在这一过程中，内部审计员需要综合运用其专业知识、技能和经验，采用定量和定性的方法，为管理层提供全面、准确和及时的评价结果和建议，支持其做出明智的决策，推动组织的持续改进和发展。内部审计的经济评价职能主要包括经济效益的评价、经济责任的评价等。

（1）经济效益的评价。此职能关注组织的经济性能和效果。内部审计人员通过分析财务报告、成本数据、投资回报等信息，评估企业的经济效益。这有助于识别效率和效果不足的领域，推动组织优化资源配置、提升运营效率、增加经济效益，也涉及对特定项目、投资或策略经济效果的评价，确保它们符合组织的利益和长期目标。

（2）经济责任的评价。内部审计还涵盖了对管理层和员工经济责任的评价。这包括审查其决策和行动是否符合企业的经济利益、是否达到了既定的目标和标准。

4. 服务职能

内审人员在日常工作中能够深入了解企业各部门的内部控制程序和生产经营活动，同时内部审计的工作性质也要求内审人员具有法律、税务、工程、财务、投资等方面的专业知识，这就使得内部审计部门可以向管理层提供企业运行过程中的合法性、舞弊行为以及内部控制制度是否有效相关信息，并提出改进建议，为领导决策提供咨询、服务，成为高层领导的参谋和助手，协助管理层对外披露企业内部控制信息，对内评估各项经营活动和内部控制，提高企业管理水平。

另外，内部审计接触面广、综合性强，在企业上下之间信息沟通和道德文化建设的过程中能发挥很大作用。

（1）信息沟通。内部审计员通常需要与企业的各个部门和层级进行交流，这使他们成为组织内部信息流通的关键桥梁。他们可以协助不同部门和层级建立更有效的沟通和协作机制。通过定期审计和评估，内部审计有助于提高企业的信息透明度，使管理层、员工和利益相关者更好地了解企业的经营状况和风险。

（2）道德文化建设。①价值观传递：内部审计不仅关注财务和操作的合规性，还关注企业的道德和伦理标准。内部审计人员通过审计活动传递和强化企业的价值观和文化。②行为规范：内部审计人员通过评估和推动企业的道德和伦理实践，建立和维护公正、透明的企业环境。③信任和声誉：一个强有力的内部审计机制能增强内外部利益相关者对企业的信任，有助于提升企业的声誉和品牌形象。

（二）内部审计的作用

内部审计的作用是随着内部审计的内容、范围、职能的发展而逐渐扩大的。在社会主义市场经济条件下，内部审计具有双重任务：一方面要对部门、单位的经营活动进行监督，使其合法、合规；另一方面要对部门、单位的领导负责，促进经营管理状况的改善、经济效益的提高。具体地说，内部审计的作用主要包括以下几个方面。

1. 监督各项制度、计划的贯彻情况，为本部门、本单位领导经营决策提供依据

内部审计已经从一般的查错防弊，发展到对内部控制和经营管理情况的审计，涉及生产、经营和管理的各个环节。内部审计不仅可以确定本部门、本单位的活动是否符合国家的经济方针、政策和有关法令，还可以确定部门内部的各项制度、计划是否得到落实，是否已达到预期的目标和要求。通过内部审计搜集到的信息，如生产规模、产品品种、质量、销售市场等，或发现的某些具有倾向性、苗头性、普遍性的问题，都是领导做出经营决策的重要依据。

2. 揭示企业经营管理薄弱环节，促进部门、单位健全自我约束机制

在社会主义市场经济条件下，各部门、单位的活动不仅要受到国家财经政策、财政制度和法令的制约，还要遵守本部门、本单位内部控制制度的规定。内部审计机构可以相对独立地对本部门、单位内部控制情况进行监督、检查，客观地反映实际情况，并通过这种自我约束性的检查，促进本部门、本单位建立和健全内部控制制度。

3. 促进本部门、本单位改进工作或生产，提高经济效益

通过对经济活动全过程的审查和对有关经济指标的对比分析，揭示差异并分析差异形成的因素，评价经营业绩，总结经济活动的规律，从

中揭示未被充分利用的人、财、物的内部潜力，并提出改进措施，可以促进经济效益的提高。

4. 监督受托经济责任的履行情况，以维护本部门、本单位的合法经济权益

同外部审计一样，所有权与经营权的分离是内部审计的前提，而且确定各个受托责任者经济责任履行情况是内部审计的主要任务。内部审计通过查明各责任者是否完成了应负经济责任的各项指标（诸如利润、产值、品种、质量等），既可以对责任者的工作进行正确评价，也能够揭示责任人与整个部门、单位的正当权益，有利于维护有关各方的合法经济权益。

5. 监控财产的安全，促进部门、单位财产物资的保值增值

财产物资是部门、单位进行各种活动的基础。内部审计通过对财产物资的经常性监督、检查，可以及时发现问题，指出财产物资管理中的漏洞，并提出意见和建议，以促进有关部门加强对财产物资的管理，努力保证财产物资的安全、完整，并使其保值增值。

五、内部审计的基本原则

内部审计应遵循以下基本原则，如图 2–2 所示。

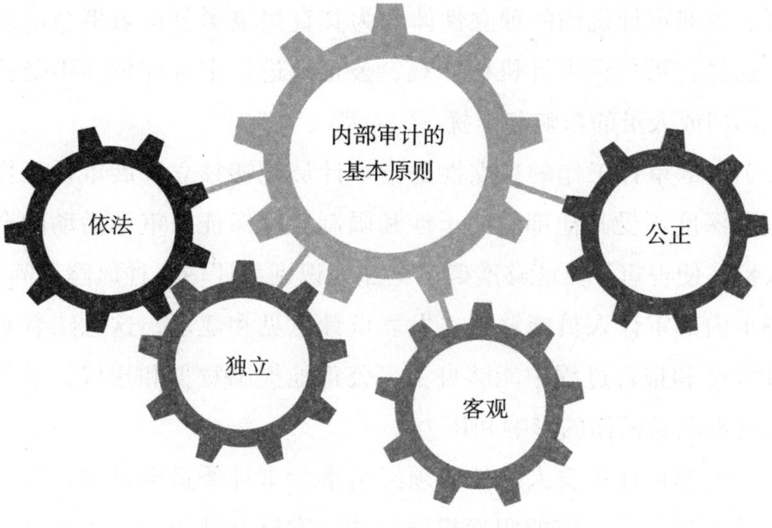

图 2-2　内部审计的基本原则

（一）依法

内部审计的依法原则是指必须严格遵守国家的法律、法规和相关政策，以确保审计活动的合法性和合规性。

依法原则的核心是法治精神，强调的是内部审计的合规性和正当性。这意味着内部审计工作不仅要符合组织内部的规章制度，还要遵循外部法律环境和监管要求。这有助于保护企业和相关利益方免受不当行为的损害，维护企业的声誉和信誉。依法原则还要求内部审计员具备良好的法律知识和意识，能够准确识别和处理涉及法律法规的问题，保证审计报告和建议符合法律要求，为企业提供合规、可靠的决策依据。在执行审计任务时，审计员需全面、准确地评估企业的法律风险，提出针对性的法律建议和措施，帮助企业降低法律风险，保障企业的合法权益。

（二）独立

内部审计的独立原则是评估和保障企业运营和管理活动合规性、有效性的基础，包括内部审计机构、内部审计工作和内部审计人员的独立性，具体表现为以下几方面。

（1）内部审计机构的独立性体现为其直接隶属公司董事会审计委员会等。这样就可保证审计机构客观、公正地进行审计评估，不受公司内部其他部门或人员的影响和干扰。

（2）内部审计工作的独立性是指审计员能够独立开展审计工作，审计范围和深度不受其他部门的干涉和限制。这保证了审计活动的全面性和深入性，使得审计员能够准确、全面地识别和评估各种风险和问题。

（3）内部审计人员能够独立发表审计意见和建议，这意味着审计员在审计评估和报告过程中能够自主、公正地提出意见和建议，不受公司内部和外部利益团体的影响和压力。

（4）内部审计负责人的任免须经董事会审计委员会批准，审计委员会应赋予审计人员一定的职责权限。这一安排有助于保障内部审计人员的专业性和独立性，确保他们能够自由、有效地执行审计职责，为企业的持续、健康发展提供保障。

（三）客观

内部审计的客观原则强调审计活动必须基于事实和证据，避免偏见和主观判断，以保证审计结果的准确性和可靠性。客观原则建立在独立原则的基础上，要求内部审计员在执行审计任务时，保持中立和公正的态度，不受个人情感、利益关系或外部压力的影响。

在具体的审计实践中，客观原则要求内部审计员关注和收集客观、真实和完整的数据和信息，采用科学、合理的方法和技术进行分析和评估。无论是对财务报告、内部控制系统，还是对企业经营管理和策略决策的审计，都必须以事实和证据为依据，避免主观臆断和偏见的干扰。此外，客观原则也体现在内部审计报告的编制上。报告内容必须准确、清晰、完整，真实反映审计发现和评价的结果，避免夸大或淡化问题，确保管理层和利益相关者能获取真实、公正的信息，以便做出合理的决策。

内部审计的客观性不仅关乎审计结果的质量和可信度，还影响着内部审计的权威性和信誉。只有坚持客观原则，内部审计才能有效发挥其在风险管理、内部控制和企业管理决策中的重要作用。

（四）公正

内部审计的公正原则要求审计员在执行审计工作时，保持公正无私、公平公正的态度，尽可能避免受到影响。这一原则与客观原则相辅相成，都是为了确保审计结果的真实性和准确性。

1. 避免利益冲突

公正原则要求审计员避免个人和职业利益的冲突，保证审计工作不受自身利益、关系或其他不正当因素的影响。

2. 公平评价

无论是评价组织的内部控制、经营管理还是财务报告，审计员都应保持公正的态度，对所有信息、数据和证据进行公平、公正的分析和评价。

3. 公正处理

对于审计中发现的问题和风险，审计员应公正处理，给予适当的关注和评价，不偏袒或歧视任何部门或个人。

公正原则对维护内部审计的权威性和信誉，增强审计结果的接受度和影响力具有重要意义。它确保内部审计能够真实、准确地反映组织的经营和管理状况，为管理层和利益相关者提供可靠、公正的决策依据，也有助于推动组织的持续改进和发展。

第二节　内部审计机构与人员

一、内部审计机构

（一）内部审计机构的概念

内部审计机构是指为了增加价值并改善机构的运营状况而提供独立、客观的确认与咨询活动的部门，它通过系统化、规范化的方法，对风险管理、控制与治理程序进行评价，进而提高它们的效果。

内部审计机构不仅是审计人员的办公场所，还是发挥审计作用的重要组织保障机制。

（二）内部审计机构的组织形式

1. 内部审计机构外包

内部审计外包又称内部审计外部化，是指企业将内部审计职能全部或部分地委托给会计师事务所或其他专业人员来实施。[①] 内部审计外部化最先是由安达信、安永、毕马威等全球知名的咨询机构提出的。20 世纪 90 年代开始，内部审计外包引起了越来越多的关注，已经有为数不少的企业或事业单位实行内部审计外包。

外包主要包括以下几种方式。

（1）补充式外包。在补充式外包中，企业可能因为资源或技能的限制，选择将特定的内部审计活动委托给外部专家或咨询机构，而企业自

① 李冬辉．内部审计[M]．上海：上海财经大学出版社，2015：22.

身的内部审计团队还会继续执行其他核心审计任务。这样，企业能够获得外部审计专家的深入分析和专业见解，而无须建立和维护一个完全自给的、具备所有必要技能和知识的内部团队。例如，在一些关键性的内部审计项目中聘请外界专业人士提供帮助，以及在审计外地的分公司时，聘请懂当地语言或熟悉当地习俗的审计人员提供帮助。另外，在审计特殊领域（如电子数据处理系统）时，企业也可聘请这方面的专家参与审计。

（2）审计管理咨询。主要是指请咨询机构帮助企业确定企业内部审计机构设置、人员数量及配备情况，并有可能促进内部审计计划的形成和改进。审计管理咨询服务还包括对内部审计人员的招聘工作、帮助管理层定义主要的审计风险领域等。

（3）内审职能全部外包。在这种外包形式下，企业不设内部审计部门，但是为了进行合理的经营性审计，就将内部审计职能全部外包给会计师事务所或咨询机构。

（4）内外成员结合审计，也可称合作内审。在这种外包形式下，内部审计工作由一个统一的审计工作组来完成，成员包括内部审计师和外部审计师，但内部审计师和外部审计师对这种结合审计分别承担不同的责任。

2. 内部审计机构内置

内部审计机构内置是指依据《审计署关于内部审计工作的规定》《中国内部审计准则》等相关法规，在企业内部设立专职的内部审计机构，担当内部审计职责。内部审计机构的内置模式主要有单一领导组织模式和双重领导组织模式两种。

（1）单一领导组织模式。在单一领导组织模式下，内部审计机构只对一个上级主管负责，具体又分为以下三类。

①内部审计机构设在管理层。

a. 内部审计机构隶属财务部门。这是内部审计较早阶段普遍采纳的一种模式，该模式符合内部审计初级阶段财务收支审计的目标。在这种“归口管理”模式下，总会计师或主管财务的副总经理既管财务工作，又管审计工作，尽管业务协调上有所便利，但实际上形成了自己监督自己的局面，难以保证内部审计机构及其人员独立开展业务。内部审计机构及其人员在制订审计计划、实施审计程序乃至最后提出审计建议和意见时易受干扰，难以保持应有的客观、公正态度。在这种模式下，内部审计机构只是进行一些日常的审计工作，难以从企业整体层面为企业出谋划策，不能直接为经营决策服务。

b. 内部审计机构隶属总经理等高级管理层。在这种模式下，内部审计通常是接受总经理的委托，对下属单位各项经营活动进行检查、监督和评价。总经理作为股东的代理人承担着为股东财产保值增值的职责，并将股东财富最大化作为企业的发展目标。在管理过程中，总经理要将自身承担的责任和目标在企业内部层层分解、逐步落实。

内部审计机构隶属管理层，其职能定位立足于“服务主导型”，力图通过和管理层的良好沟通，帮助改善经营管理，提高管理水平。内部审计机构由总经理管理和负责，而这取决于总经理与下属部门之间的委托代理关系，有效的内部审计可减少下属部门的逆向选择和道德风险，降低总经理对下属的监督约束成本。

总经理领导的模式有利于总经理掌握内部审计的详细情况与动态发展，对企业部门进行监督管理。其优势在于：一方面，内部审计机构能获得一定的独立性和较高的级别地位，可以对企业日常的全面经营管理活动进行监督、评价，可以及时向企业高级管理层反映问题、建议纠正措施和提供决策咨询服务；另一方面，内部审计机构可以从企业高级管理层获得连续、及时的信息反馈，并且由企业高级管理层协调内部审计机构和其他中级管理部门之间的关系，有利于内部审计实现提高经营管理水平和经济效益的目的。

由于隶属关系的限制，这种模式也有其自身的局限性。基于“理性人”假设，总经理在实际工作中很有可能更多地为自身利益考虑，脱离增加股东价值的轨道。总经理领导的模式使总经理凌驾于内部审计之上，内部审计的控制范围被无形缩小于总经理的权限范围以内。内部审计难以审查企业高级管理层，无法对总经理的经济责任进行独立的监督和评价。特别是企业中级管理部门的很多活动是由总经理授意或控制的，当内部审计对这类活动进行检查时将难以保持独立性以及在审查和评价中的客观性。如果被审计对象所体现的总经理意志违反了相关内部控制制度、法律法规或职业道德等，则内部审计活动还可能受到来自企业高级管理层的阻碍和影响。因此，这种模式对减少股东和总经理（高级管理层）基于委托代理关系而产生的信息不对称毫无帮助，未能使内部审计达到应有的独立水平，不能完全保证内部审计职能的有效履行。

②内部审计机构设在监督层。在这种模式下，内部审计机构由监事会领导，并作为监事会的具体办事机构，向监事会报告工作。监事会是公司的监督机构，由股东代表和职工代表组成，职权主要是对董事、经理执行公司任务时违反法律、法规或公司章程的行为进行监督，是企业内部与董事会相互制衡的机构。

将内部审计机构置于监事会下，即设在监督层，具有明显的优势：一是具有权威性与独立性。当内部审计机构隶属监事会时，它完全以监督者的身份出现，与企业高级管理层及董事会相对独立，这确保了其权威性与独立性。这种独立性有利于审计机构更客观、公正地进行内部审计，避免了与管理层关系过近而导致的审计失真或偏颇。二是监督更加透明。隶属监事会的内部审计机构，其审计工作和结果将更加透明。高透明度能够增强股东和其他利益相关者对企业的信心，也有利于及时发现并纠正企业的问题。三是监事会与内部审计机构有共同的关注点，确保企业的合规性和风险控制。监事会期望通过内部审计揭示的问题来做出其职权范围内的判断，而内部审计机构则可以为监事会提供必要的审计信息和建议。四是对于那些产权关系容易发生混乱的企业，如国有资产股权比重较大、管理层次复杂的大型企业，将内部审计机构置于监督层可以强化内部经济监督，确保国有资产的保值和增值。五是可以防止内部人控制。在许多企业中，尤其是大型企业，普遍存在内部人控制的现象。在这种情况下，使内部审计机构隶属监事会而非董事会，能够提高审计机构的权威性，确保其审计工作不受内部人控制现象的干扰。六是有利于双重职能发挥。这种制度安排不仅有助于内部审计职能的充分发挥，还有利于增强监事会的监督职能。当两者之间建立良好的合作关系时，可以使企业的风险控制和合规性得到更好的保障。

当内部审计机构设在监督层时，虽然增强了审计的独立性和权威性，但也存在一些明显的局限性：一是响应速度问题。由于监事会不能兼任企业的经营管理职务，没有经营管理权，因此当企业需要针对某一经营管理问题进行专项审计或咨询时，内部审计机构可能无法及时响应。这在快速变化的商业环境中可能会导致企业错失关键机会。二是职能不对称。监事会的核心任务是监督董事会、总经理及其他管理者的行为，确保他们不偏离职责要求，重点关注的是合规性与合法性。内部审计则更多地关注审查的过程与效果，尤其是经营的效率与效果。将两者放在同一层次可能导致工作目标和重点的混淆，使得双方都难以充分发挥各自功能。三是角色混淆。当将内部审计机构设在监事会下时，其可能会混淆两者的工作，从而导致职能重复问题，还可能削弱双方的作用，使得监督和审计都不尽如人意。四是影响经营效益。在这种模式下，内部审计可能不利于企业的经营管理优化和经济效益提升。它可能更多地关注企业的合规性，而忽视了对企业经营管理的服务职能，这可能导致企业在一些经营决策上缺乏足够的支持和建议。

③内部审计机构设在治理层。内部审计机构设在治理层是指内部审计机构隶属董事会或其下属的审计委员会。董事会由股东大会选举产生，直接对股东大会负责，负责执行股东大会的决议、决定企业的生产经营策略以及任免总经理等。董事会作为股东代表大会的常设机构，代表股

东监督管理人员的工作和企业目标的实现情况。审计委员会是董事会下设的一个专门委员会，由董事会任命，一般由具有企业管理、财务会计、工程技术、市场营销等专业知识和工作经验的独立董事组成。

内部审计机构直接隶属董事会或其下设的审计委员会，优势在于：内部审计机构具有较强的独立性、权威性和较高的组织地位，可以确保独立、客观地对企业全面经营管理活动进行审查，以及对企业高级管理层进行有效的监督和评价。不足之处在于：董事会或者审计委员会都不能随时、及时地召开会议就内部审计工作进行集体讨论，从而难以对内部审计工作进行日常监督和指导。

（2）双重领导组织模式。双重领导组织模式是指在业务上向审计委员会报告业绩，在行政上向经理层负责并报告工作。这种双向负责、双轨报告、保持双重关系的组织形式是目前备受推崇的模式，与国际内部审计师协会《内部审计专业实务标准》的要求相一致。

内部审计机构双重领导组织模式在现代企业制度中，特别是大型企业和跨国公司中较为常见。双重领导组织模式具有以下优点。

一是独立性和权威性的提升。内部审计的核心价值之一是其独立性，这确保了审计活动的客观性和公正性。双重领导模式意味着内部审计机构不完全依赖于单一的领导机构，从而增强了其独立性。同时，受到企业的主要领导机构——董事会和经营管理机构的共同领导，提高了内部审计的组织地位，增强了其权威性。二是促进多元视角的审计。双重领导模式为内部审计提供了更为全面的视角，有助于审计工作的开展更为全面和深入。董事会关注公司的长远发展和策略执行，而经营管理机构更多地关注公司的日常运营。这两种视角的结合使得内部审计能够对公司的整体情况有更为全面的了解。三是适应现代企业制度和内部审计的发展趋势。现代内部审计的重心已经转移到了评价、鉴证和建设性功能的发挥，这也是我国内部审计的发展趋势。双重领导模式能够确保内部审计更好地适应和满足这一发展趋势，更好地为企业提供价值。

（三）内部审计机构的职责与权限

1. 内部审计机构的职责

职责是指为了在某个关键领域取得成果而完成的系列任务的集合。

内部审计机构按照本单位主要负责人或者权力机构的要求，应该履行下列职责。

（1）对本单位及所属单位的财政收支、财务收支及其有关的经济活动进行审计。

（2）对本单位及所属单位预算内、预算外资金的管理和使用情况进行审计。

（3）对本单位内设机构及所属单位领导人员任期的经济责任进行审计。

（4）对本单位及所属单位固定资产项目进行审计。

（5）对本单位及所属单位内部控制制度的健全性和有效性以及风险管理进行评审。

（6）对本单位及所属单位经济管理和效益情况进行审计。

（7）法律、法规规定和本单位主要负责人或者权力机构要求办理的其他审计事项。

内部审计机构每年应当向本单位主要负责人或者权力机构提出内部审计工作报告。

2. 内部审计机构的权限

权限是指为了保证职责的有效履行，任职者必须具备的、对某事项进行决策的范围和程度。

单位主要负责人和权力机构应当制定相应规定，确保内部审计机构具有履行职责所必需的权限。

（1）要求被审计单位按时报送生产、经营、财务收支计划，预算执行情况，决算、会计报表和其他有关文件、资料。

（2）参加本单位有关会议，召开与审计事项有关的会议。

（3）参与研究制定有关的规章制度，提出内部审计规章制度，由单位审定公布后施行。

（4）检查有关生产、经营和财务活动的资料、文件，现场勘查实物。

（5）检查有关的计算机系统及其电子数据和资料。

（6）对与审计事项有关的问题向有关单位和个人进行调查，并取得证明材料。

（7）对正在进行的严重违法违规、严重损失浪费行为，做出临时制止决定。

（8）对可能转移、隐匿、篡改、毁弃的会计凭证、会计账簿、会计报表以及与经济活动有关的资料，经本单位主要负责人或权力机构批准，有权予以暂时封存。

（9）提出纠正、处理违法违规行为的意见，以及改进经济管理、提高经济效益的建议。

（10）对违法违规和造成损失浪费的单位和人员，给予通报批评或者提出追究责任的建议。

单位主要负责人或者权力机构应在管理权限范围内授予内部审计机构必要的处理、处罚权。

二、内部审计人员

内部审计工作是一项专业性和政策性较强的审查和评价活动。内部审计机构要配备政治与业务素质较高的人员，才能胜任此项工作，并保证内部审计工作顺利开展。

（一）内部审计人员应具备的条件

内部审计人员应具备以下条件。

第一，正确的政治和业务指导思想。从政治的角度来说，内部审计人员先要对国家的基本法律法规有深入的了解。他们应当具有强烈的政治敏锐性，确保其工作始终遵循国家的政策和法律法规。对于政府和企业的政策，内部审计人员要有明确的立场，确保在审计过程中始终为国家和企业的长远利益而工作，而不是追求个人的短期利益。从业务指导思想的角度来说，内部审计人员要对审计的基本原则和方法有深入的了解。他们应当确保其审计工作始终基于事实，客观公正，不受任何外部因素的干扰。他们还要对所审计的企业和行业有深入的了解，确保审计工作既能反映企业的真实情况，也能为企业提供有价值的建议。

第二，良好的职业道德。良好的职业道德是内部审计人员的核心品质，它关乎审计工作的公正性、公信力和真实性。内部审计人员必须遵守高标准的诚实、客观、勤奋和忠诚原则。具体应该做到：坚持原则，依法审计；实事求是，客观公正；廉洁奉公，不徇私情；工作认真，细致负责；保守秘密，忠于职守。

第三，良好的业务素质。良好的业务素质主要体现在以下几方面：①对于审计标准、程序及方法要精通，并达到熟练使用的水平。②要精通财务会计业务，要掌握与经济相关的法律法规，熟悉财政、税务、银行、定量分析方法等基本原理，了解管理原则。③要培养自身分析和解决问题的综合能力，以保证在面对复杂的审计问题时能够周密思考、从容应对，从而做出准确、及时、高效的处理。④要具备高水平的社交能力，培养自身的文字及口头表达能力，要掌握审计工作所需要的策略及方法，还要讲究做事的艺术，以便将方方面面的关系处理好。

第四，要有较高的政策水平。内部审计人员必须熟悉国家的各项政策、方针、财经法规，因为这些政策和法规是审计工作的基础和指导。对于企业的经营活动，特别是涉及财务和经营决策的方面，国家的政策和法规往往起到决定性的作用。只有充分理解和掌握这些政策和法规，审计人员才能准确判断企业的经营行为是否合法、合规，是否符合国家的政策导向。此外，内部审计人员还要了解和掌握企业的各项规章制度及有关规定。这些内部规章制度是企业日常经营活动的运行机制，也是审计人员进行审计时的参照标准。只有对这些规章制度有深入的了解，审计人员才能全面、准确地评估企业的内部控制系统，判断其是否健全、有效。

（二）内部审计人员的职业道德

内部审计人员职业道德是以职业道德原则和行为规范为主体建立起来的职业道德体系。内部审计部门若想使其审计结果得到其服务对象的认可，在社会上树立起良好的职业形象，除遵守有关的内部审计准则外，还必须构建完善的内部审计人员职业道德体系，同时要求相关人员身体力行，自觉遵守职业道德标准。在笔者看来，内部审计人员应坚守的职业道德行为准则如下所述。

（1）必须以诚实、客观和勤奋的态度履行职责。

（2）应在与其服务对象相关的事项中表现出忠诚的品质，但是不能有意参加任何非法或不正当的活动。

（3）不能参与任何与其组织有利害冲突的活动，也不能参与使其无法客观履行职责的活动。

（4）不能接受与其组织有关的雇员、顾客、供应商、委托人提供的有价值的物品，也不能接受经济业务中获得的有价值的物品。

（5）要在专业能力范围内开展工作，而且必须可以恰当、有效地完成服务工作。

（6）不可有意从事对内部审计职业或组织名誉有害的活动。

（7）要努力达到《内部审计实务标准》所提出的要求。

（8）必须慎重地使用所获取的资料。不能因个人利益，也不能以损害组织利益的方式、违法方式滥用机密资料。

（9）在汇报工作成果时，要揭示出所有重要的事实，以免造成歪曲经营报告、隐瞒非法事实的后果。

（10）需要在专业熟练度、工作有效性等方面不断提升自己。

（11）在工作中要时时刻刻对协会所规定的权限、道德和尊严进行维护。

第三节 内部审计程序

内部审计程序，是指在开展具体审计活动时，内部审计人员必须遵循的先后工作程序。内部审计程序的存在至关重要。第一，它为审计人员明确了工作的步骤和重点，使得审计工作更加有条理和系统，从而确保了审计质量的稳定和提高。第二，按照既定的程序，可以有效确保审计活动有计划、有步骤地展开，进而提高审计的效率。第三，内部审计程序也有助于减少或避免可能出现的审计风险，因为规范化的流程可以预防和控制可能出现的误差或遗漏。第四，规范的内部审计程序也促进了审计流程的标准化，使得不同的审计人员在进行审计时，都能够按照同样的标准和要求来操作，保证审计结果的一致性。对于新入行的审计人员来说，有了明确的内部审计程序，可以加速其学习和熟悉的过程，提高其执行审计工作的熟练度。一般而言，内部审计程序分为四个主要阶段：审计准备阶段、审计实施阶段、审计终结阶段和后续审计阶段，如图 2–3 所示。

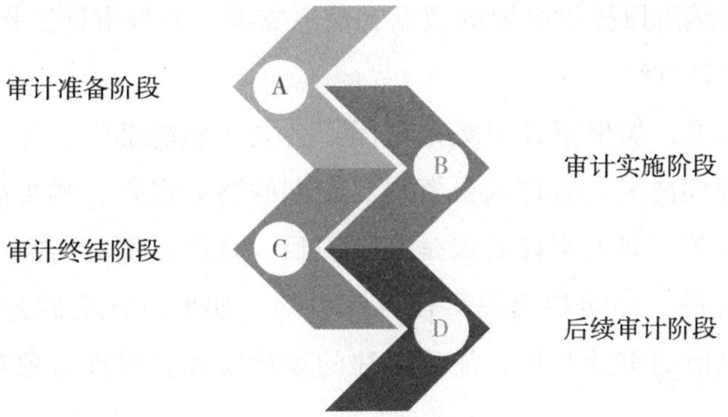

图 2-3　内部审计程序

一、审计准备阶段

（一）初步确定审计目标与范围

内部审计的总目标在于审查和评判集团的所有经营管理活动，为集团组织的成员提供有力支持，帮助他们更好地履行自己的职责。在进行审计活动之初，根据明确的具体审计任务，审计人员应当设定明确、具体的审计目标。这些目标不但可为整个审计活动指明方向和重点，而且对于后续的审计方案制定和审计评价环节具有至关重要的意义。

内部审计的范围一般细化为以下五点：①评估企业内部控制系统的适当性和有效性，确保企业的各项操作和决策在良好的控制机制下进行。②核查财务会计信息与资料的准确性、完整性和可靠性，确保为组织的决策者提供真实、公允的财务数据。③关注经营策略的执行情况、业务流程的效率及其对组织整体绩效的贡献。④评估企业资产的保护、使用和增值情况，确保资产的安全与有效利用。⑤核实企业是否在其经营和管理中遵循相关的法律、法规和政策指导，确保组织的合法性和合规性。

（二）收集背景资料

收集背景资料不仅可以帮助审计人员更好地了解审计对象，还可以为审计的后续阶段提供必要的数据和信息支撑，使得审计工作更为精准、深入和系统地进行。

一般来说，如果审计对象是集团子公司、职能部门，那其所需的资料有经营管理情况、管理人员资料、定期的财务报告、相关的政策法规及预算资料等。如果审计对象是某个项目、系统，那其所需的资料有立项及预算资料、合同和相关责任人资料等。如果以往实施过内部审计，需要调出以前的审计文件，注重以往的审计发现和审计对象对审计建议的态度。

（三）成立审计小组，确定审计时间

在开展各项审计项目时，由于涉及内容的差异性，需要选派拥有特定知识和技能的审计人员，并明确每个审计人员的职责，这样可以确保审计过程的专业性和精确性。此外，为了保障审计项目的连续性和一致性，审计部门必须指定一个审计项目责任人。这个责任人不仅要确保审计顺畅进行，还要负责联系审计团队与被审计单位和审计管理层。

在成立审计小组之后，要初步确定审计时间，包括：①审计开始时间。这是审计工作正式启动的时间点，需要确保所有审计人员都能按时参与，并且与被审计单位的相关人员进行初步的沟通。②外出工作时间。在某些情况下，审计团队可能需要外出，如进行现场核查或访问其他办公地点。确定这些时间可以确保审计团队能够进行深入调查，同时使被审计单位提前做好准备。③审计结束时间。这是审计小组完成所有审查和数据收集的预期日期，确保有足够的时间进行审计结论整理和报告起草。④提交审计报告的时间。这是向审计管理层或其他相关方提交审计报告的最后期限，确保审计结果及时地被考虑和采纳。

（四）制定初步审计计划

内部审计机构与人员为了实现预设的审计目标，而就一个阶段的审计工作任务或者明确的审计项目制订的计划、规划，即为审计计划。它的主要内容有审计机构编制的年度审计计划、按年度审计计划制订的项

目审计计划、具体的审计方案。审计项目责任人一般会依照被审计单位的经营范围、业务往来复杂情况和审计工作的复杂情况来明确审计计划的繁简程度，可以合并或删减一些手续或者借用以往审计工作的成果。若遇上被审计单位背景资料不齐全或开展突击检查，审计人员要能在审计过程中修订和优化审计方案。

1. 年度审计计划

年度审计计划一般由内部审计机构责任人进行制订，随后报给组织管理层进行批准，用来指导内部审计机构的下年度工作。

制订年度审计计划的流程为：①清晰上级部门传达的审计工作要求；②逐级向上编报审计工作的计划草案；③逐级向上审核、确定审计工作计划。

2. 项目审计计划

在具体审计项目开展的整个过程中所作的综合安排就是项目审计计划。制订项目审计计划的过程在整个审计项目里具有重要的地位。

项目审计计划的确立需要得到内部审计机构负责人的书面批准。这确保了审计的正式性和权威性，也为审计团队提供了明确的工作依据。只有计划得到正式批准，审计团队才能开始实施审计工作，这样可以确保审计工作的规范性和正当性。

项目审计计划的编制方式多种多样，取决于被审计单位的业务特点、审计目的和具体情境。例如，如果是一个大型综合性企业，可能需要按业务循环或业务部门进行审计；针对单一的财务报表，就可以直接按报表项目进行审计。此外，对于某些类型的审计，则可以按被审计事项的特定内容划分审计范围、编制项目审计计划。例如，合同审计就可以分为内容审计、合同手续审计、合同执行审计等。

3. 具体审计方案

审计方案是对具体审计项目的审计程序及其时间等所作详细安排，是依据项目审计计划制定的。

（1）具体审计目的。具体审计目的是对总体审计目的的细化，直接用以指导具体审计方法及程序。

（2）具体审计方法和程序。审计方案中应说明具体审计方法及程序步骤，对内部审计人员的具体操作进行直接的指导。

（3）预定的执行人及执行日期。审计方案中应分配具体执行某项程序的内部审计人员，并对其执行时间进行规划。

（4）其他有关内容。审计方案中还应当包括根据具体情况所需要的有关内容。

（五）制发审计通知书

1. 审计通知书的作用

内部审计通知书是内部审计机构在实施审计前，通知被审计单位或个人接受审计的书面文件。它主要起到以下几个作用。

（1）正式通知。审计通知书作为一个正式的文件，向被审计单位通报即将开始的审计活动，使其提前做好相关准备，确保审计工作的顺利进行。

（2）明确审计目标和范围。通过通知书，被审计单位可以明确审计的主要目的、范围以及重点，从而有针对性地为审计提供所需的资料和支持。

（3）增强审计的权威性和正式性。审计通知书增强了审计活动的正式性和权威性，使得被审计单位对审计更加重视，认识到审计的重要性。

（4）促进双方合作。通知书可以成为审计团队与被审计单位之间的沟通桥梁，为双方提供一个合作和交流的机会，确保审计过程中能够及时解决可能出现的问题或疑虑。

（5）为审计提供法律和程序基础。在某些情境下，审计通知书也是一个法定的要求，它为审计提供了法律和程序上的依据，保障审计工作的合法性。

2. 编制审计通知书的要求

审计通知书作为一个正式文件，其编制需准确、明确和专业，以确保审计活动的顺利进行。下面是编制审计通知书的主要要求。

（1）明确性。审计通知书应明确指出审计的目标、范围、时间以及相关的参与部门或人员。任何模糊或不确定的描述都可能导致误解或混淆。

（2）完整性。通知书应包括所有必要的信息，如审计的具体日期、地点、被审计单位的相关负责人以及审计人员的联系方式等。

（3）正式性。审计通知书应使用正式的语言和格式，确保其权威性。此外，它应当在正式的文件上，如公司的信头纸，要进行打印，并由有权威的审计机构或个人签名。

（4）遵循法律和规范。在某些行业，审计通知书可能需要满足特定的法律或规范要求。因此，编制时应确保遵循所有相关的法律、规则和准则。

（5）保密性。考虑到审计涉及敏感信息，通知书应明确提到审计过程中的保密要求，确保被审计单位了解其保密义务。

（6）清晰性和简洁性。虽然要确保包含所有必要的信息，但通知书应尽可能简洁、直接，避免使用复杂的术语或冗长的句子。

（7）易于理解。虽然审计通知书是一个专业文件，但其内容应易于被审计单位理解，避免使用过于技术性的语言。

3. 审计通知书的主要内容

审计通知书的内容要点：①被审计单位和审计项目的名称信息；②审计的范畴和目标；③审计的时间；④需要被审计单位准备的具体资料和协助事项；⑤审计小组的成员信息；⑥内部审计机构和主要负责人的签章及签发的时间。如要求被审计单位提前进行自查，应在审计通知书中写明自查的内容、要求和事件，并适当提前发出审计通知书。

4. 内部审计通知书的送达

通常情况下，内部审计机构会在实施审计前事先将通知书送至被审计单位，确保被审计单位有充足的时间来准备必要的文件和信息。然而，也存在某些特殊的情况，审计人员可能会决定进行突击审计。例如，在面临突发事件或需要对疑似舞弊的行为进行核查时，事先的通知可能会为被审计单位提供机会隐瞒信息或者进行其他不当行为。在这种情况下，审计人员可以选择在抵达审计现场时再递交通知书，确保审计的真实性和及时性。

对于送达的通知书，主要的接收方应是被审计单位。但如果审计项目可能影响到其他部门或需要其他部门的支持和协作，那么审计通知书也应适当地抄送给这些部门。在涉及特定员工，如进行某员工的离职审计时，相关员工也应当收到通知书的副本，确保其知悉即将进行的审计活动。

被审计单位在收到审计通知书后，应按照通知书中的要求进行准备。但也存在特殊情况，如当审计的时间与被审计单位的核心业务活动有冲突时，被审计单位有权利提出时间调整的要求。但若有证据显示被审计单位故意推迟或推迟可能掩盖错误和欺诈行为，增加风险，审计部门则应坚持原定时间，确保审计的公正性和真实性。

二、审计实施阶段

（一）获取内部审计证据

1. 内部审计证据的分类

内部审计证据是指在内部审计环节中，用以支撑审计工作的凭据。内部审计人员应当依据审计目标获取不同类型的审计证据。内部审计证据按外形特征可以分为以下几种。

（1）书面证据。书面证据是内部审计过程中最为常见且可靠性相对较高的证据形式。它通常以文件、记录、单据、报告、合同等形式存在，其内容具有明确性和持久性。书面证据提供了对被审计单位经济活动的直接记录，从而使审计人员能够对相关事项进行确认或验证。书面证据具有固定性，能为审计人员提供一个清晰、连续的证据链，帮助他们追溯和审查相关的经济交易。此外，书面证据通常更易于保存和存档，为后续的复审或参考提供便利。然而，尽管书面证据的可靠性相对较高，审计人员在依赖这类证据时，还需确保其真实性、完整性和及时性，避免篡改、遗失或误导的风险。

（2）实物证据。实物证据是指审计过程中审计人员直接观察、查验或计量得到的物质性的证据。与书面证据相比，实物证据提供了对某些事实或情况的直观、物理性的证明。例如，审计人员为了验证固定资产的存在性，可能需要亲自查验某项设备或建筑是否真实存在，或者为了核实存货数量的准确性，审计人员可能会进行实地盘点。实物证据的优势在于它难以被伪造或修改，因此具有很高的可靠性。但是，仅依赖实物证据可能导致审计范围的局限性，因为不是所有的审计事项都可以通过实物形式来证明。尽管如此，实物证据对于验证某些关键的财务和经济事项的真实性、完整性和准确性仍然是不可或缺的。

（3）视听电子证据。视听电子证据是指通过视频、音频或其他电子方式记录并存储的审计证据。随着技术的进步和数字化的普及，电子数据和媒体在审计过程中的重要性逐步提高。例如，一个公司可能使用闭路电视（CCTV）记录其仓库的进出货物活动，审计人员可以通过查看这些视频资料来验证某些交易的真实性。同样，音频记录，如电话会议录音或员工的录音声明，也可以作为证据来源。电子邮件、文档、数据库等电子文件也都属于视听电子类别。这些证据的主要优点是可以快速地被搜索、分析和复制。然而，由于电子证据可能被篡改或删除，审计人员在依赖此类证据时必须确保其真实性、完整性和不可更改性，可能需要利用特定的技术手段和方法来确保电子证据的有效性和可靠性。

（4）口头证据。口头证据是指审计人员在审计过程中从被审计单位的管理层、员工或其他相关方通过口头交流获得的信息和声明。这类证据通常涉及对某些问题的询问、采访或与相关人员的讨论。口头证据的优点是它可以为审计人员提供即时的反馈和对某些问题的深入理解，特别是在对某些书面或电子证据进行进一步澄清时。然而，口头证据的缺点是其可能更加主观和易被遗忘。因此，当依赖口头证据时，审计人员通常会进行必要的记录，确保关键信息的准确性和完整性。而且，与书面或电子证据相比，纯粹的口头证据可能不被视为足够强有力的证据，除非其得到其他形式证据的支持。因此，在审计中，口头证据经常与其他证据类型相结合，以形成一个完整的证据链。

（5）环境证据。环境证据也称状况证据，是指对被审计单位经济活动产生影响的各种环境事实。其包括：①有关内部控制制度、会计机构和人员情况。②有关管理制度、管理水平情况。③有关管理人员和会计人员的智力及其素质情况。④有关被审计单位的经营条件和发展趋势情况。⑤有关被审计单位的组织机构情况。⑥有关被审计单位的经营方针情况。

2. 内部审计证据的获取方式

内部审计人员可以通过以下方式获取内部审计证据。

（1）检查。检查是指审计人员对相关的会计记录、文件、合同和其他相关书面资料进行审阅的过程，旨在确认其真实性、完整性和准确性。在检查中，审计人员可以直接查看原始记录和文档，验证其是否与会计报表中的信息相符。此外，检查还有助于发现可能的错误、遗漏或不规范的行为，从而为审计人员提供有力的证据支持。

（2）观察。观察是指审计人员亲自观察被审计单位的某一具体操作或程序，以评估其是否按照既定的标准或规定执行。通过观察，审计人员可以直观地了解被审计单位的实际运作情况，如存货的实际数量、员工的工作行为等，从而评估内部控制的有效性。

（3）监盘。监盘是指审计人员对被审计单位进行实际的库存盘点或现金清点。通过监盘，审计人员可以确保实际库存或现金的数量与会计记录中的数量相符合，进而评估资产的存在性和真实性。

（4）询问。询问主要是与被审计单位的管理层、员工或其他相关方进行面对面或书面交流，了解和澄清某些具体的信息或情况。询问可以帮助审计人员获取更多关于企业运营、管理和内部控制的背景信息，从而有助于判断和解释审计证据。

（5）函证。函证是指审计人员向第三方发送函件，请求其对某些具体的信息或事项进行确认。这种方式常用于确认账户余额、合同条款等。函证能够为审计人员提供独立的第三方证据，增强审计证据的可靠性。

（6）计算。通过计算，审计人员可以确保财务报表中的数字是准确的，没有算术错误或不合理的估算。

（7）分析性复核。分析性复核是指审计人员对财务报表中的数据进行比较和分析，识别出与预期或其他相关数据存在显著差异的情况。例如，比较同期的财务数据或与业内标准进行比较。此方法有助于审计人员发现可能的错误或异常，从而进行进一步的审计工作。

3. 内部审计证据的整理

审计证据的整理是指内部审计人员运用一定的方法加工整理获取的审计证据，并使之条理化和系统化的过程。这是形成恰当的整体审计意见的必要步骤，有利于深入挖掘原始审计证据的潜在证明力。审计证据整理与分析的方法有分类、比较、计算、小结、综合等。

（二）进行内部控制测试

内部控制测试简称控制测试，即测试内部控制运行的有效性。通过进行内部控制测试，可清楚、真实地了解被审计单位内部控制现状，是否持续有效运转，控制风险有多大，最终确定审计人员能否依赖内部控制进行审计。

进行内部控制测试的步骤如下所述。

第一，根据内部控制测试方案，选取当年应测试的控制环节或业务循环。根据审计准备阶段被审计企业内部控制调查了解得到的结论，审计人员可确定是否依赖内部控制进行审计，对打算信赖的内部控制进行测试和评价，最终评定内部控制的可信赖程度，确定控制风险高低。

第二，检查被审计单位内部控制的执行情况，获取控制测试证据。经过第一步的筛选后，审计人员将对选定的控制环节或业务循环进行详尽的测试。这涉及询问和查看控制管理报告，审查相关的交易和业务凭证，实地观察控制的执行情况，并可能重新实施某些内部控制程序。目的是确保控制措施被适当执行，收集足够的证据来支持内部控制的有效性，并识别潜在的弱点或风险点。

第三，评价内部控制测试结果。一旦收集到足够的审计证据，审计人员需要对这些证据进行综合评价。这包括对内部控制的实际执行效果、被审计单位对内部控制的态度和行为，以及对任何潜在问题或弱点的评估。通过对测试结果的评估，审计人员可能会修正对控制风险的初步评价，并根据实际情况调整后续的审计策略。

第四，记录内部控制测试结果。审计人员在完成内部控制测试后，必须对其进行详尽、准确的记录。这不仅仅是为了满足审计标准的要求，还为未来的审计提供了参考和依据。这些记录应涵盖测试的目的、方法、结果，以及审计人员对测试结果的看法。确保这些记录的完整性和准确性有助于提高整个审计工作的质量和可靠性。

第五，根据测试结果，审计人员要客观公正地对被审计单位的内部管理和内部控制状况做出客观的评价，指出内部控制中存在的薄弱环节，提出有针对性的加强和改进管理意见和建议。

（三）进行审计实质性测试

实质性测试是审计过程中的一种核心审计活动，其重点是对特定审计事项的真实性和准确性进行直接检查和验证。其目的是确保财务报表中的交易、账户余额和列报信息不存在重大的错报风险。

实质性测试是建立在内部控制测试的基础之上的。对被审计单位的内部控制系统进行了充分的了解和测试后，审计人员会进行实质性测试，以进一步核实财务报表各个部分的真实性、准确性。在这一过程中，审计人员会采用各种方法，如盘点、函证、观察、查询、计算和分析性复核等，确保财务数据的真实性和准确性。

实质性测试在审计领域被称为实质性程序。实质性程序包括对各类交易、账户余额、列报的细节测试，以及实质性分析程序。实质性测试的基本流程如下所述。

1. 制定并调整实质性测试方案

在审计的初期阶段，审计人员会根据预先设定的实质性测试方案来确定审计的重点。然而，随着审计进程的深入，特别是在完成内部控制测试后，审计人员可能会获得新的信息，这可能导致原有的审计方案需要进行调整。这些调整可能涉及重新分配审计任务、调整审计工作的进度和人员分工，以及根据新的信息和情况调整审计的重要性水平、测试范围和重点。这一步骤至关重要，因为一个有效的实质性测试方案能确保审计工作的有效性和效率。

2. 分析和复核财务报表

在这个步骤中，审计人员需要取得被审计单位的所有关键财务报表，如资产负债表、利润表、现金流量表及其相关附表和编表说明。拥有这些信息后，审计人员将进一步熟悉被审计单位的财务状况和经营成果。此外，他们会对关键的财务指标进行分析性复核，通过对比、计算和分析这些指标，审计人员可以确定审计的重点，并找出可能的审计疑点。

3. 详细审查会计账户和会计报表

在此阶段，审计组的成员会分开进行工作，对被审计单位的各个会计账户和会计报表进行深入审查。在这一过程中，审计人员需要对遇到的所有审计事项和发现的问题进行详细记录，确保所有的审计证据都符合客观性、相关性、充分性和合法性的要求。对于关键或重大的问题，审计人员还需要获取主证人的证言，并复制相关的原始证据以支持其审计结论。

三、审计终结阶段

（一）编制内部审计报告

内部审计报告，是指内部审计人员根据审计计划对被审计单位实施必要的审计程序后，就被审计单位经营活动和内部控制的适当性、合法性和有效性出具的书面文件。内部审计报告是管理层借以了解经营活动问题与漏洞等方面信息，并提高管理效率与效益的重要手段；内部审计报告是内部审计质量的综合反映，也是衡量内部审计工作质量的有效尺度；内部审计报告是内部审计机构衡量和考核审计人员业绩的基本依据；内部审计报告可为国家审计人员和注册会计师的审计提供重要的参考资料。

1. 编制内部审计报告的原则

一般而言，内部审计报告的编制应当遵循以下原则。

（1）公正性。内部审计报告首要体现公正，其内容要真实、客观地反映被审计单位的财务和经营状况。这要求审计人员摒弃个人偏见、情感和利益关系，在报告中只提供基于确凿审计证据和事实的结论和意见，避免主观臆断，确保审计报告的客观性和公正性。

（2）规范性。无论是在获取审计证据的环节，还是在编制内部审计报告的过程中，都需要遵循既定的审计标准、流程和规范。这样不仅可以确保审计工作的合规性，还可以增强审计报告的权威性和可靠性。

（3）及时性。内部审计报告的价值在很大程度上取决于其时效性。只有及时提供的审计结论和建议，才能帮助企业管理层在关键时刻做出正确决策。因此，审计报告应在审计工作完成后尽快编制和提交。

（4）简明性。一份高质量的内部审计报告应当简洁明了，避免冗长和啰唆。它需要清晰、有逻辑地展现审计发现，确保读者能够轻松理解其内容和结论。

（5）针对性。内部审计报告应该根据被审计单位的具体情况，提出针对性建议和意见。而且，其应该直指问题的核心，为被审计单位提供有价值的改进建议。

（6）复核权责分明。内部审计报告的编制和复核应当明确权责关系，确保每一步骤都有明确的负责人，并按照既定流程进行。

（7）权衡风险性与重要性。在编制审计报告时，需要综合考虑被审计内容的风险性与重要性。对于高风险或重要性较高的内容，应给予更多关注，确保审计报告真实、准确地反映出这些内容的实际状况。

2. 内部审计报告应包含的内容

（1）审计概况。审计概况是对内部审计项目总体情况的介绍和说明，一般应当包括审计目标、审计范围、审计内容及重点、审计方法、审计程序及审计时间等。

（2）审计依据。审计依据可确保审计活动的合法性和合规性，因此所有审计行动都应基于相关的法律、法规和审计准则。重视这些依据不仅能够证明审计工作的正当性，还可以为审计结论和建议提供法律和规范支撑。如果某些情况下审计工作未能完全遵循准则，也应对此进行明确的解释或说明。

（3）审计发现。审计发现是报告的核心部分，列出了审计过程中发现的所有主要问题和事实。详细、客观地说明这些发现的情况、与标准的差异、可能的影响以及产生的原因，可以帮助管理层及时发现和纠正问题，优化企业的运营和管理。

（4）审计结论。审计结论是基于审计发现对被审计单位的业务活动、内部控制和风险管理做出的综合评价。结论可能包括对某些业绩的赞扬，但更重要的是对存在的问题进行的公正、客观评价。

（5）审计意见。审计意见是就审计发现提出的具体处理建议。它基于内部审计机构的权威性，就如何解决或纠正审计发现中的问题提供意见，帮助管理层理解问题的严重性并指导其采取适当的行动。

（6）审计建议。审计建议重点提供长远的解决方案，旨在帮助企业改善业务活动、内部控制和风险管理。它可能包括针对现有系统的改进方案、实施要求、预期效果和未采纳建议的潜在后果，从而为企业提供一个清晰的、可行的行动路径。

（二）审核内部审计报告

审核内部审计报告是确保审计结果的准确性、完整性和公正性的关键措施。为了确保报告的质量和可靠性，通常实施三级复核过程。

1. 审计组成员的交叉审核

这是第一层的审核阶段，目的在于鼓励团队成员相互监督和检查。通过这种交叉审核机制，每个团队成员可以从不同的视角审视报告内容，确保数据准确、逻辑严密，并消除可能存在的错误或遗漏。此外，由于每个成员都在某些审计领域或细节方面有特定的专长，这种互相复核的方法可以确保报告的深度和广度，并消除个别成员可能存在的盲点。

2. 审计组长的审核

作为第二层审核，审计组长会对报告进行更宏观和全面的评估。组长不仅会检查报告的详细内容，还会对整体结构、逻辑流程和审计结论进行评价。他们需确保报告满足审计要求，逻辑清晰，并且结论是基于充分、准确的审计证据所得。此外，组长还会评估报告是否满足了客户和其他利益相关者的需求。

3. 审计机构负责人或其他被指定人员的审核

这是对审计报告质量把控的最后一道防线。在报告正式发布之前，审计机构的负责人或其他被指定的高级人员会进行最终的审核和批准。这一阶段的审核旨在确保报告满足了所有的专业标准和要求，包括相关的法律法规、审计准则以及机构自身的质量控制要求。此外，这也是确保报告内容、结论和建议都公正、客观和中立的关键步骤。

（三）内部审计报告的报送

内部审计报告的报送是指将内部审计的发现和建议正确、及时地传达给相关决策者。报送的首要任务是确定审计报告的主要接收方，如公司的高级管理层、董事会、审计委员会或其他相关部门。为确保审计内容的实时性和相关性，报告应在审计工作完成后尽速传递。同时，根据接收方的偏好和需求，选择报告的合适形式，如电子版、纸质版或通过会议汇报。鉴于报告可能涉及敏感信息，其传递过程应确保数据的安全和保密。此外，报告报送后，审计团队还需跟进接收方的反馈，确保他们理解了审计发现并考虑采纳建议。

（四）建立内部审计档案

随着审计工作的终结，整理、归档及妥善保管审计文件成为必要环节。这些文件包括审计报告、底稿、相关的决定性文件以及可能的后续审计资料。审计底稿，作为记录审计程序、测试和发现的文档，为审计报告提供了直接支持，因此其完整性和真实性对审计质量至关重要。同时，相关资料，如会议记录、与被审计单位交流相关内容等，都应得到恰当的归档。这样的归档系统不仅使得审计团队在日后需要回顾或进一步审计时能够轻松查阅相关材料，还保证了审计活动在面临可能的质疑或评估时具备充足、有力的证据支持。此外，妥善的存储和保护措施也可确保敏感信息不会泄露，维护了被审计单位和审计方的权益。

四、后续审计阶段

通常而言，内审部门需要在审计报告出具以后继续跟踪被审计部门，确定其是否针对审计报告中提出的问题进行了整改，并对实际整改情况进行评价，这种评价就是后续审计。

（一）后续审计的特点

1. 后续审计的连续性与非独立性

后续审计并非一个孤立或独立的审计项目，而前一次审计的直接延续，具有显著的连续性。后续审计的主要目的是检查和验证被审计部门对先前审计报告中提出的问题的整改效果。如果被审计部门根据审计报告中提出的建议进行了实质性和有效的整改，并且这些整改被审计部门认为是切实有效的，那么后续审计可以被视为下次审计工作的一部分或准备。这种连续性确保了审计的整体性和审计工作的连贯性。

2. 关注整改效果与实际影响

在后续审计过程中，审计人员的核心关注点是先前审计报告中提到的问题是否得到了有效解决，以及这些问题的整改对被审计单位的实际影响。这意味着后续审计的核心不仅仅在于检查先前提出的具体建议是否得到严格的执行，还在于评估被审计单位采取的纠正措施及其实际效果。这要求审计人员具有很好的洞察力，不仅关注流程的完善性，还关注整改措施带来的实质性影响。

3. 针对性与方法的一致性

后续审计的程序和方法与常规审计的程序和方法在基本框架上是相同的。然而，后续审计的一个显著特点是其针对性非常强。这是因为后续审计主要集中于验证和评估先前审计活动中发现的具体问题的整改情况。由此，审计人员在执行后续审计时需有针对性地应用审计程序和方法，确保整改措施的实质性和有效性。

（二）后续审计的方式

后续审计的常见方式有以下三种。

1. 高级管理层与被审者协商

协商的目的是共同决定是否、何时，以及如何采取审计人员建议进行纠正活动。经过协商，审计建议就不再是单方面的要求，而是经过讨论和评估后的共同决策。这确保了纠正措施的实施更具针对性，也更容易得到被审者的配合。这样的协商过程也强调了审计的合作性质。

2. 被审者的主动行动

基于与高级管理层的协商和决定，被审者会采取相应的纠正行动。这种行动通常是对审计报告中提出的问题和建议的直接响应。被审者的主动性在这里显得尤为重要，因为他们不仅要负责实施具体的改进措施，还要确保这些措施真正解决了审计中发现的问题，并达到预期的效果。

这种方式突出了被审者在整个审计和纠正过程中的中心地位和关键作用。

3. 内部审计人员的复查与责任分析

在提交审计报告后的一段合理时间内，内部审计人员会对被审者进行复查，以评估其是否采取了建议的纠正措施并获得了预期的效果。这种复查旨在确保审计建议得到了妥善的执行，并且实现了改进的目标。如果发现被审者未采取任何行动或行动不足，审计人员还需进一步分析其背后的原因，特别要探讨高级管理层和董事会是否承担了相应的责任。这种方式不仅保证了审计的连续性，还为组织提供了持续改进的动力。

（三）后续审计的步骤

后续审计工作是保证内部审计人员落实审计建议和实现纠错防弊职能的重要环节，审计人员只有认真履行一定的审计程序才能保证审计质量。后续审计的步骤如下所述。

1. 认真听取被审计单位的反馈意见

审计工作并非单向的传递，而应当是一个双向的互动过程。被审计单位可能根据自己的实际情况和考量，对审计结果或建议有所反馈，这些反馈可能涉及对审计结果的解读、对审计建议的可行性评估等。审计人员应当以开放的态度，认真听取这些建议或异议，这样有助于增进双方的理解，促进审计结果的实施。

2. 审计单位人员与被审计单位应就争议部分进行探讨

在某些情况下，被审计单位可能对某些审计结果或建议持有不同意见。此时，双方应当坐下来，通过深入的探讨，找到分歧的根源，力求达成共识。这样的对话和沟通是审计过程中的关键环节，有助于消除误解，确保审计建议的顺利实施。

3. 重大审计结果的后续跟踪

现场追踪审计方式较多，主要有面谈、询问、测试和纠正措施资料检测等。与内部审计实施过程相似，后续审计跟踪工作关键程序是现场数据跟踪调查和实施过程的文字资料记录，应形成文件，为今后审计人员的数据调查和审核等工作提供参考。

4. 各项实施措施的有效评估

审计单位人员对采取的各项措施以及控制风险进行重新估测，其中控制风险评估是后续审计工作的关键部分，采用模型和风险排序等评估工作可以与前期审计工作流程相一致。

5. 上交后续审计报告

后续审计报告上交的目的是让审计单位管理层负责人员对此次审计工作有一个了解，包括被审计单位的事实澄清和风险程度二次评估。报告内容涉及类目较多，大体是后续审计结果、控制风险重新估测结果、被审计单位的意见反馈等。

第四节　内部审计管理

内部审计管理是指为了保证内部审计机构和内部审计人员履行职责，提高审计工作效率，保证审计质量，而采取的一系列措施的总称。规范与完善的内部审计管理，是企业内部审计有效发挥作用，促进企业增值的重要保证。本节分别从内部审计项目管理、内部审计质量控制、内部审计风险防范等方面展开介绍。

一、内部审计项目管理

（一）内部审计项目管理的概念

内部审计项目管理是通过组成专门的内部审计项目小组，对内部审计项目进行协调、管理和控制，从而实现内部审计项目目标的过程。内部审计项目管理既有审计的特点，又具有项目的属性。内部审计项目管理是内部审计管理的一个重要组成部分，内部审计质量一定程度上取决于内部审计项目管理。

（二）内部审计项目管理的主要方法

为了保证内部审计项目管理的科学性和可控性，内部审计机构应采用相应的手段，改进和完善内部项目管理工作。具体的管理手段包括使用审计工作的授权表、列出审计任务的清单、制定审计会议议程、制定审计工作的底稿检查表、制定审计文书的跟踪表等。

1. 使用审计工作的授权表

授权表明确了内部审计人员在内部审计工作中的权力和职责范围，保证了审计活动的独立性和客观性，是确保审计工作高效进行的重要管理工具。在内部审计项目的开始阶段，审计机构应当制定审计工作的授权表，明确审计目标、范围、时间、资源和其他关键事项。该授权表不仅呈现审计项目整体概览，还为审计团队提供了明确的工作指导和方向。同时，它也确保了审计工作的透明度，使得被审计单位和其他利益相关方都能对审计过程有一个清晰的认知。在内部审计过程中，若遇到特殊情况或需调整审计范围和目标，审计工作的授权表也可为调整提供依据，确保审计工作的连续性和完整性。

2. 列出审计任务的清单

审计任务清单是反映审计执行中的管理细节的清单，包括每日工作、每周工作、审计步骤等详细计划安排。审计任务清单为审计团队提供了一个明确、详细的工作指南，帮助团队识别和跟踪审计过程中的各个关键环节和活动。通过详细地列出每一项审计任务，审计团队可以确保每一个审计步骤都得到适当的关注，不会遗漏关键的审计环节。此外，审计任务清单也有助于分配和管理审计资源。团队成员可以根据清单来分配职责、计划时间和评估所需的资源。同时，这个清单还可以作为审计团队与被审计单位之间的沟通工具，使双方对审计工作的进展和预期结果有共同的了解。在审计结束后，审计任务的清单还可以作为审计团队评估工作效率和效果的基础，有助于未来项目的改进和优化。

3. 制定审计会议议程

审计会议议程是组织和开展审计项目的重要环节。在计划阶段，审计小组根据当前被审计单位情况和以前审计情况召开小组会议，对审计重点和注意事项作统一安排，以便审计人员在审计中有的放矢；在审计进点会上，审计人员要了解被审计单位整改情况，然后进行审核，提高审计效率；审计过程中若发现比较严重的问题，可进行小组协商与沟通；在现场审计结束后，审计小组需要进行问题汇总，召开审计情况小结会议，便于审计组长了解审计总体情况。

4. 制定审计工作的底稿检查表

底稿检查表有助于审计团队跟踪和验证审计活动的每一个环节。通过这一检查表，审计人员可以确保所有必要的信息和数据都被收集记录在底稿中。这不仅可帮助审计人员确保他们的工作是完整和准确的，还可为高级审计人员提供一个工具，使他们可以快速、高效地复核底稿，确保其中没有遗漏或错误。此外，底稿检查表也为审计团队提供了一个明确的标准，确保所有团队成员按照统一的程序和标准进行工作。最后，制定审计工作的底稿检查表可以增加审计的透明度和可靠性，从而提高利益相关者对审计结果的信心。

5. 制定审计文书的跟踪表

制定审计文书的跟踪表对于确保审计项目的流程性、及时性和完整性至关重要。审计文书跟踪表为审计团队提供了一个集中管理和跟踪所有审计文档的平台。这样的系统化工具可以确保审计文档的版本控制、历史修改和其完整性。通过跟踪表，审计人员能够快速识别那些还需要进一步复核的文档，确保所有文档都得到适当的关注，并在审计过程中得到及时的更新。此外，审计文书的跟踪表也能够促进团队之间的沟通和协作。通过一个集中的记录系统，团队成员可以清晰地看到每个文档的状态，以及哪些任务已完成、哪些任务还待进行。这有助于优化资源分配，确保审计工作的高效进行。再者，制定审计文书的跟踪表也为审计团队提供了一个关于审计过程的完整视图，这有助于识别潜在的风险和挑战，及时应对。

审计文书跟踪表特别适用于那些要求在组织内部将报告发给为数众多部门的大型内部审计部门，因为并非所有的内部审计部门都采用了正式的报告发送。

二、内部审计质量控制

（一）内部审计质量

1. 内部审计质量的概念

从结果的角度分析，质量是指产品或服务的优劣程度，内部审计的产品是内部审计报告和内部审计结论，所以内部审计质量就是内部审计报告和内部审计结论的质量。因此，高质量的内部审计报告和结论应能为使用者提供准确、完整且有用的信息，帮助他们进行决策。① 特别是对现代企业来说，审计的价值不仅仅局限于确保财务信息的准确性，还涉及防范欺诈、推动利益、创造价值等多方面的作用。内部审计质量一定程度上取决于其为企业带来的增值效果。

从过程的角度分析，质量是指在产品或服务生产过程中各项工作的优劣程度。内部审计质量就是内部审计部门从事各项工作的优劣程度，是指所有内部审计工作的总体质量，即各项内部审计部门工作有效程度，包括各项内部管理制度的制定、内部审计计划的实施、内部审计人员的选聘及培训与分工、内部审计档案管理等工作的合理性和有效性等。

内部审计工作的质量是审计质量的基础，直接决定了审计报告和结论的质量，而高质量的内部审计报告和结论反过来又能反映出审计工作

① 李华丽．大数据背景下内部审计创新研究[M]．北京：中国纺织出版社有限公司，2021：60.

的质量。要保证内部审计报告和结论的质量，需要有完善的制度基础，同时合理的人员配置、明确的职责分工以及专业技能的充分运用是不可或缺的前提条件。

2. 内部审计质量标准

内部审计质量标准是评估和指导内部审计活动的关键准则，旨在确保审计过程的完整性、准确性和可靠性。对于内部审计而言，这些标准主要集中在两个核心领域：审计工作的质量标准、审计报告和结论的质量标准。

（1）内部审计工作质量标准。这些标准主要涉及内部审计的规范体系。例如，国际内部审计师协会（IIA）的《内部审计职业道德规范》和《内部审计实务标准》为全球的审计专家提供了行为和实践上的指导。而我国也有自己的内部审计规范，如《内部审计基本准则》和《内部审计人员道德规范》。这些规范为内部审计部门提供了明确的工作框架和要求，确保审计活动的专业性和公正性。对内部审计工作质量的评估就是判断内部审计部门开展审计项目时是否严格遵循了这些标准。

（2）内部审计报告和结论质量标准。这涉及审计报告和结论应该达到的标准化水平。内部审计报告是审计工作的最终产物，它为报告的使用者提供审计发现、结论和建议。因此，报告的质量直接影响审计结论的价值和可用性。IIA和我国内部审计协会都对审计报告的结构、内容和格式有明确的规定。这些规定确保了审计报告的清晰性、完整性和准确性，从而使得报告使用人能够对审计结论进行明确的判断和决策。

（二）内部审计质量控制概述

控制好工作质量，也就保证了产品及服务的质量，审计组织为使其所承担的审计工作按照审计的基本原则进行，保证审计结果的质量，就必须对审计工作的质量进行控制。审计质量控制就是审计组织和审计人员基于审计质量标准，对各项审计工作或具体审计项目全过程进行的约束活动，借以提高审计工作水平和效率，从而保证审计结果的质量。

内部审计质量控制是指内部审计机构和人员为确保审计质量符合内部审计准则的要求而制定和执行的一系列政策和程序。

加强内部审计质量控制的重要作用体现在以下几个方面。

1. 内部服务职能的优化

内部审计是企业内部管理的重要组成部分，其主要目的是为企业提供专业的、客观的审计意见和建议，帮助企业改进管理、提高经营效益。内部审计的服务职能是否能够得到有效的发挥，很大程度上取决于其工作质量。加强内部审计质量控制，可以确保审计活动的专业性、准确性和公正性，从而确保审计的建议和意见是基于事实和专业知识的，有助于企业做出正确的决策和改进。

2. 降低内部审计风险，发挥监督职能

内部审计工作中存在着各种风险，如审计失误、遗漏、偏见等。这些风险可能导致审计结果的失真，影响审计的可靠性和有效性。加强内部审计质量控制，可以有效地识别、评估和管理这些风险，确保审计工作的完整性和正确性。此外，通过有效的质量控制，内部审计可以更好地发挥其监督和检查职能，对企业的经营管理进行有效的监控，确保企业的合规性和效率。

3. 提高内部审计部门的地位，促进企业价值增值

内部审计部门的地位和影响力，很大程度上取决于其工作的价值和贡献。只有提供高质量的审计服务，才能得到企业高层的认可和支持，提高其在企业中的地位。加强内部审计质量控制，不仅可以确保审计的专业性和准确性，还可以确保审计活动真正为企业创造价值，帮助企业识别风险、改进管理、提高效益，从而促进企业的价值增值。

（三）内部审计质量控制的措施

1. 营造内部审计独立性氛围

现代企业的董事会和管理层在进行内部审计工作的过程中，必须认识到为内部审计人员提供一个独立的工作环境的重要性。独立性是

内部审计工作的基石，只有当审计人员在工作中保持独立性，他们才能够严格遵循《内部审计基本准则》和《内部审计人员职业道德规范》，公正、客观地评估企业的运营和风险，从而为企业提供真实、可靠的审计意见和建议。这样的独立性氛围可以确保审计人员不受外部干扰，不受利益冲突的影响，全心全意为企业提供高质量的审计服务。此外，独立性的氛围也是对审计人员的一种尊重和信任，可以激发他们的工作积极性和创造性，促使他们深入研究、细致工作，从而确保审计结果的准确性和可靠性。因此，为内部审计人员营造独立性的工作环境，是现代企业确保内部审计质量、降低内部审计风险、提高内部审计效益的重要措施。

2. 提升内部审计人员素质

内部审计人员的能力要与其岗位职责相匹配。这意味着，当安排具体的审计任务时，要确保内部审计人员具备完成该任务所需的专业知识和技能。例如，对于财务审计，应选择具有财务背景和经验的内部审计人员；而对于IT内部审计，则需要具备相关IT知识的审计人员。而内部审计人员的素质不仅仅局限于专业能力，他们还需要具备高度的职业道德，能够独立、客观、公正地完成审计任务，确保审计结果的真实性和可靠性。为了确保内部审计人员的持续专业发展，企业应为其提供持续的培训和学习机会，激励他们不断提高自己，追求卓越。此外，对于某些特殊或复杂的审计任务，企业可以请教相关领域的专家，确保内部审计的深度和广度。

3. 加强内部审计过程控制

内部审计过程控制的好坏将直接关系到内部审计项目结果的优劣，所以对过程的控制就是整个质量控制体系中的关键环节。具体措施：①计划。明确的审计计划确保了所有的审计活动都是目标导向的，并针对明确的风险和关注点进行。计划能确保资源的合理分配、时间的有效管理以及审计的全面性和深度。②记录。详细、准确的审计记录能够捕捉到审计过程中的所有关键信息，确保审计结果的透明性和可追溯性，同时为可能的后续复核和查询提供了依据。③复核。通过对审计记录和结论的再次检查，可以发现并纠正可能的疏漏或错误，从而确保审计的质量和公信力。④回避。为确保审计的独立性和公正性，当审计人员与被审计的业务或个人存在利益冲突时，他们应当回避，避免任何影响审计结果客观性的可能。⑤轮换。轮换意味着审计人员不应长时间对同一业务或领域进行审计，这样可以防止审计人员与被审计对象产生过于熟悉或亲近的关系，确保审计活动的客观性和独立性。

4. 完善内部审计质量评价

定期对内部审计质量进行评价也是内部审计质量控制的必要措施，包括内部评价和外部评价。内部评价是审计组织自我检查的过程，旨在确保审计活动与既定的审计标准和程序相一致。通过内部评价，审计组织可以确定其审计过程和方法是否有效，是否能够准确地识别和报告风险。基于评价结果，审计组织可以识别其强项和弱项，并采取相应的措施来加以改进。外部评价则是由审计组织以外的独立实体进行的评估，通常每隔几年进行一次。外部评价有助于增强审计活动的公信力，因为它由第三方进行，更具有客观性和中立性。外部评估者可以根据国际或国家的审计标准来评价审计组织的活动，从而为审计组织提供一个与同行的对比。基于外部评价，审计组织可以得到独立的反馈和建议，以持续优化其审计方法和流程。

三、内部审计风险防范

（一）内部审计风险的概念与特征

1. 内部审计风险的概念

内部审计风险是指在内部审计活动中，审计证据不足、审计程序不当或审计人员的判断失误等因素，导致审计结论出现偏差或误导的可能性。这种风险意味着审计师可能未及时发现严重的错误或不合规行为，也可能对无误的事项提出不恰当的审计意见。内部审计风险不仅可能影响审计报告的质量和准确性，还可能对企业的决策制定产生负面影响，进而影响企业的声誉和经济利益。

2. 内部审计风险的特征

（1）客观性。内部审计风险的存在是客观的，不以人的意志为转移。无论内部审计人员多么专业或经验丰富，他们在执行审计任务时总会面临一定的风险。例如，尽管审计师采用了适当的审计程序，但仍有可能未能检测到某些严重的不合规行为或错误。这种客观存在的风险体现了审计活动的复杂性和不确定性，也提示内部审计人员在进行审计时应持续保持警惕和专业怀疑的态度。

（2）普遍性。无论是哪种类型的企业或组织、无论其规模大小和业务性质如何，内部审计风险都普遍存在。不同的组织可能面临的具体审计风险不同，但无一例外，都会面临某种形式的审计风险。例如，一个制造企业可能面临与其生产和供应链相关的审计风险，而一个金融机构可能更关注与金融交易和合规性相关的风险。

（3）潜在性。内部审计风险往往具有隐蔽性，不易被直接觉察。许多风险可能潜伏在复杂的交易、精细的会计政策或难以理解的合同条款中。此外，由于内部控制系统的漏洞或不足，某些风险可能会被忽视或未被及时识别。因此，内部审计人员需要深入研究和了解审计对象，运用专业知识和经验来识别并评估这些潜在风险。

（4）无意性。大多数内部审计风险并非故意造成的，而是由人为失误、疏忽、误解或其他非故意的原因导致的。例如，员工可能由于缺乏适当的培训或理解，而不小心违反了某一会计政策，也可能由于技术故障或系统缺陷，某些数据被错误地输入或处理。尽管这些风险不是故意造成的，但它们仍然可能对审计结论和组织的决策产生较大影响。

（二）内部审计风险防范的措施

1. 加强审计人员培训与教育

随着经济环境和企业业务的快速发展，审计所面对的挑战逐步增加，对审计人员的专业知识和技能提出了更高的要求。持续的培训与教育不仅可以帮助审计人员及时掌握最新的审计理论和实践方法，还能增强他们的职业道德和职业操守，从而确保审计工作的公正性和准确性。此外，通过培训，审计人员可以更好地理解企业的业务流程和风险点，提高对复杂交易和操作的识别能力，从而在审计中提前发现并应对风险。定期的教育活动，如研讨会和工作坊，还可以促进审计团队之间的交流和分享，进一步提高整体团队的审计能力。

2. 优化审计流程与方法

随着企业运营模式的变革和技术的进步，传统的审计流程可能无法满足现代审计的实际需求。一套高效、灵活且科学的审计流程可以确保审计工作更为系统、有序，并集中于关键风险点。优化流程先要确保审计的全过程从计划、执行到报告都是连贯的，减少不必要的冗余步骤，提高效率。同时，采用现代审计技术，如数据分析、人工智能等，可以对大量数据进行快速筛查，更准确地识别潜在的风险和问题。优化方法则意味着在审计实践中不断地调整、创新和完善审计策略和手段，确保审计活动既具有广度又有深度。科学、先进的审计方法有助于审计人员深入挖掘问题，形成有说服力的审计结论。总体来说，优化审计流程与方法不仅能提高审计工作效率，还能确保审计质量和结果的可靠性。

3. 建立及时的审计反馈与改进机制

审计不仅是一个对历史数据和操作的检查过程，还应是一个持续的改进过程。为了确保审计的有效性和适应性，需要对审计结果进行即时的反馈，并针对存在的问题和不足进行调整和完善。此外，随着业务环境和管理要求的变化，审计的焦点和方法也需要有所调整。因此，审计机构和审计人员应积极收集各方面的反馈信息，包括被审计单位的意见、上级管理层的指示以及外部专家的建议，确保审计工作始终保持与实际情况相匹配。同时，审计机构还应定期进行自我检查和评估，确定审计活动的有效性、效率和价值，并能够识别潜在的风险和挑战。通过建立这样的反馈与改进机制，审计机构不仅能更好地满足内部和外部的审计需求，还能及时发现和预防内部审计风险，确保审计工作的持续性、完整性，提高审计质量。

第三章　初识企业内部审计数字化转型

随着企业管理和运营的日趋复杂，内部审计开始在确保企业财务健康和运营效率方面扮演至关重要的角色。然而，传统的审计方法在数字化浪潮面前明显有所不足。本章将初步探讨企业内部审计的数字化转型。具体先介绍企业内部审计转型的发展历程，然后分析企业数字化赋能内部审计转型的内在机制，接着剖析当前企业内部审计数字化转型的现实需求和理论基础，最后提出企业内部审计数字化转型的基本目标与原则。

第一节　企业内部审计转型的发展历程

内部审计的转型与技术发展是紧密相连的，每一次技术的飞跃都带动了审计方法和理念的重大进步。企业内部审计的发展共经历了以下四个阶段：以手工为主的传统内部审计、计算机辅助下的内部审计、网络技术支持下的内部审计和数字经济时代的内部审计，如图 3-1 所示。

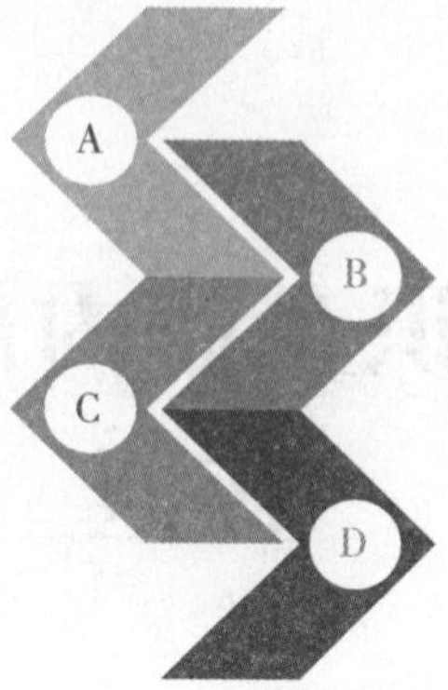

图 3-1　企业内部审计的发展历程

一、以手工为主的传统内部审计

手工审计是审计历史中最早的阶段，主要以纸质账簿、手写记录和简单的数学运算为主要工具和方法。这一时期的审计工作，对审计师的专业能力和经验依赖很大。第一，手工审计的方式要求审计人员对会计准则和法规进行深入的理解和掌握。因为在没有计算机软件的帮助下，审计人员必须完全依赖自己的知识和经验来检查、分析账目，找出可能的错误或舞弊行为。这需要审计人员具有敏锐的洞察力，能够从繁杂的账务记录中发现异常。第二，传统的手工审计工作量很大，审计人员需要翻阅大量的纸质文件，逐项检查、对账。每一笔交易、每一份凭证，都需要经过审计人员的仔细核对。这不仅对审计人员的耐心和细致程度提出了很高的要求，还在某种程度上限制了审计的效率和范围。在这种情况下，抽样审计成了一种常用的方法，但这也意味着可能会遗漏一些重要的信息。第三，传统手工审计在沟通和报告方面也有所不足。当审计人员发现问题或需要与企业沟通时，往往需要召开会议，进行面对面的讨论。而审计报告则通常为纸质形式，其编制、修订和分发都相对烦琐。

尽管面临诸多限制和挑战，以手工为主的传统内部审计也有其独特的价值。它培养了一批批的审计精英，他们凭借出色的专业能力和敏锐的直觉，为企业的健康发展和资本市场的公正性提供了有力的支撑。同时，这一时期的审计实践为后来数字化审计的发展积累了宝贵的经验。

二、计算机辅助下的内部审计

20 世纪 80 年代，以查账为主要手段的审计职业遇到了信息技术的挑战。金融、财政海关、税务、民航、铁道、电力、石化等重要行业的企业开始运用计算机来支持审计工作，即计算机辅助审计。计算机辅助审计，是指审计机关、审计人员将计算机作为辅助审计的工具，对被审计单位财政、财务收支等进行审计。[①]

（一）计算机在企业内部审计中的作用

第一，在计算机技术的辅助下，审计人员不再需要手动翻阅大量的会计凭证和账簿，而可以通过计算机程序快速地筛选、分析和汇总数据。例如，通过设置特定的数据查询，可以迅速地找出超出某一阈值的交易，也可识别出不符合特定条件的账目，从而有效地锁定可能存在问题的领域，大大提高了数据处理效率。

第二，在企业开展内部审计时，审计人员要将财务数据从数据服务器或者大型的计算机服务器中提取出来，传统的数据提取和保存过程较为复杂，而计算机则可以帮助审计人员更快捷、更全面、更准确地进行数据的提取和保存，即通过定位财务数据，再进行数据的复制和传输，在瞬时提取大量的财务数据。与此同时，计算机具有自动保存原稿的作用，原始数据的安全性可以得到保证，不会丢失数据。

第三，在传统的手工审计中，由于时间和成本的限制，审计人员通常只能对部分交易进行抽样审查。而计算机辅助审计允许审计师对全部

① 徐晓鹏．计算机审计 [M]. 重庆：重庆大学出版社，2021：6.

数据进行全面分析，从而提出更为全面和深入的审计见解。

第四，计算机技术还为审计报告的编制和呈现带来了革命性的变化。以前的纸质报告内容固定，格式单一，而电子报告则可以包含各种交互式元素，如图表、动画和超链接，使得报告更为直观、生动，也为审计结果的解读和应用提供了更为广阔的空间。

（二）企业内部审计中计算机辅助审计模式

1. 通用型计算机辅助审计

通用型审计软件（GAS）在计算机辅助审计中占据着重要的地位，有助于提高审计工作的效能与准确性。GAS 的主要优势在于其能够快速、合法地接入企业财务数据库，获取平面数据和资料，为审计工作提供宝贵的原始信息。而且，其在测绘方面的功能尤为突出。面对计算机中的海量数据，GAS 能够快速筛选并捕获其中的高价值资料，从而为审计人员提供更为精准和有价值的数据来源。GAS 对审计人员的计算机操作水平要求相对较低，使得多数审计人员都能够轻松上手。

2. 内部嵌入式计算机辅助审计

内部嵌入式计算机辅助审计是通过集合计算机各个系统的代码，将程序迁入审计系统中。内部嵌入式计算机辅助审计系统能够及时监控各项交易，记录和检查交易过程中的细节，还可以代替审计人员定期地浏览和检查设计性文件，具有较强的适用性。在展开内部嵌入式计算机辅助审计时，需要注意时间上的适用性，否则会降低系统的运行质量，而且需要进一步测试和优化，发挥系统全面的高效性能。

3. 通过电子表格系统进行辅助审计

EXCEL、LOTUS 等软件都属于计算机电子表格系统，这些常用的电子表格工具对于企业内部审计也能发挥较大的作用，是计算机辅助审计的一种模式。电子表格系统通过宏编程结果实现电子数据存档、数据库管理和图表生成与统计，并通过与计算机其他系统软件的连接，生成系列性的数据函数，有助于进一步分析和筛选财务数据等。可以说，计算机电子表格系统在企业内部审计工作中具有独特的优势。

虽然计算机辅助大大提高了内部审计工作的效率和准确性，但其仍存在明显的局限性，主要体现在以下几方面：①信息孤岛问题。在计算机辅助阶段，不同部门和系统中的数据可能难以整合。各部门的独立数据库和系统可能导致数据冗余和不一致性，从而增加审计复杂性。②数据交换不灵活。由于大多数早期的计算机系统是封闭和专有的，不同系统和平台之间的数据交互和共享变得困难，从而不利于审计人员及时获取完整的审计证据。③无法进行实时审计。计算机辅助的审计往往是静态的，意味着审计人员很难对实时交易进行监控和分析。这在高频和大规模的交易环境中成为一个显著的短板。④安全性问题。早期的计算机系统往往没有足够的安全防护措施来抵御复杂的网络威胁。

随着信息化程度的提高以及计算机网络的普及，网络技术开始在审计领域得到广泛的应用，这在一定程度上解决了以上问题。

三、网络技术支持下的内部审计

在网络技术的支持下，审计人员可以对被审计单位财务收支及相关资料的真实性、合法性和效益进行远程监督。具体来说，网络技术支持下的内部审计具有以下优点。

（一）实现实时审计

通过网络连接，公司的内部审计机构和审计人员可以直接访问被审计单位的经营管理和财务信息数据库。这种即时的数据连接大大缩短了各次检查活动之间的间隔以及整体的审计时间。对特定的财务收支事项进行实时审计时，既可以在事项完成后立即进行审查，也可以在其进行过程中随时审计。这种审计方式更加贴近业务的实际流程，有助于迅速捕捉并避免潜在的风险，为企业提供更为及时和准确的财务信息反馈。

（二）实现远程审计

随着网络技术的进步，远程审计成为可能。审计人员可以在办公室或任何具有网络连接的地点，远程访问公司的财务和经营系统，进行详细的审计检查。这不仅提高了审计的效率，还减少了与传统审计相关的时间和旅行成本。

（三）实现高效率数据审计

高速的网络连接、先进的数据库技术以及强大的数据分析工具使审计人员能够迅速检索和分析大量数据，无须经过烦琐的手动操作。此外，自动化的数据处理工具可以识别异常模式，提供即时的分析反馈，帮助审计人员定位潜在的风险点。因此，网络技术支持下的内部审计更为准确、深入且及时。

（四）实现信息系统审计

在网络技术支持下，信息系统审计变得更为精确和高效。这种审计不仅仅关注财务数据的完整性和准确性，还深入企业的各种信息系统，确保这些系统运行稳定、安全，并能够为企业带来期望的价值。审计人员可以利用专门的工具和技术来测试和评估系统的安全性，如检测潜在的安全漏洞、验证数据的加密强度和分析用户权限配置等。此外，网络技术还使审计人员能够实时监控信息系统的操作，确保所有活动都符合企业的政策和程序。

网络技术虽然为内部审计带来了诸多便利，但也呈现出一定的局限性。首先，网络技术依赖稳定的网络环境。任何网络中断或延迟都可能影响审计工作的流程，导致审计工作被迫暂停。其次，网络安全问题日益凸显。随着审计数据和信息在网络中的流通，信息被窃取或遭到攻击的风险也随之增加，这对审计工作的安全性提出了更高的要求。再次，传统的网络技术支持的审计往往局限于结构化的数据审计，处理分析非结构化的大数据信息，如社交媒体、日志文件等的能力相对有限。而现代企业所面对的数据类型和数据量都在急速增长，传统的网络技术已经难以满足审计需求。最后，网络数据接口难以满足需要。数据接口用来连通数据和审计软件，简捷快速地将原始数据导入审计软件，转换为便于理解的数据。被审计单位使用的管理和会计软件种类繁多，然而并不是每种管理软件和会计软件的备份文件都有数据接口，一旦没有相应数据接口，内部审计人员就需要花费大量时间和精力用于导入数据，降低了审计效率，增加了审计成本。

四、数字经济时代的内部审计

数字经济时代的到来为企业内部审计带来了新的发展机遇，这一发展阶段的内部审计具有以下特点，如图 3-2 所示。

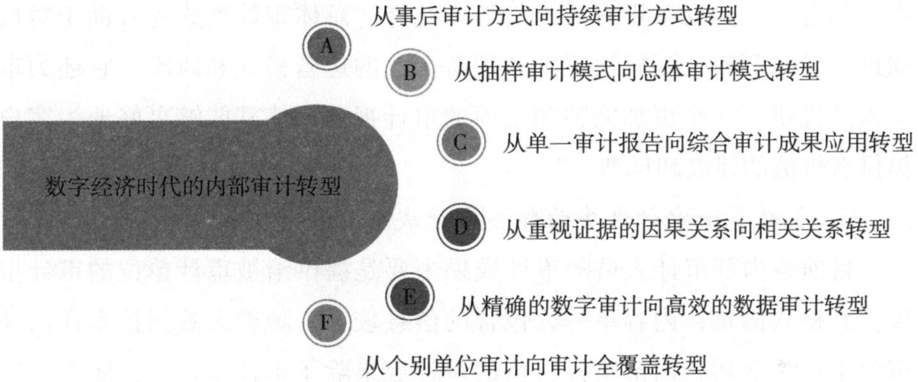

图 3-2　数字经济时代的内部审计转型

（一）从事后审计方式向持续审计方式转型

事后审计主要是对已经发生的业务活动进行回顾和检查，其主要目的是发现和纠正问题，但往往因为时间上的滞后性，很多问题在发现时已经产生了较大的影响。而在数字经济时代，通过实时数据流的监控和分析，持续审计方式得以实现，这使得审计从被动应对转变为主动预警。持续审计不仅有助于及时发现和预警潜在的风险，还可以为管理层提供实时的决策支持，帮助企业及时调整策略，避免或减少潜在的损失。这种审计方式不仅提高了审计的效率，还提升了审计的价值，使其从单纯的合规性检查转变为企业决策的重要辅助工具。

（二）从抽样审计模式向总体审计模式转型

抽样审计模式，即从大量的交易和账目中选择一定数量的样本进行审查。这种方法的主要局限性在于不能完全保证审查的准确性，因为仅仅是基于样本数据，可能存在疏漏或未能覆盖所有潜在的问题和风险。然而，随着大数据等数字技术的发展，审计人员开始有能力处理和分析庞大的数据集，这使得从抽样审计模式向总体审计模式的转变成为可能。在总体审计模式中，审计人员可以审查所有的交易和账目，而不仅仅是其中的一部分。这意味着，审计的准确性和完整性得到了显著提高，潜在的问题和风险几乎没有藏身之地。此外，总体审计模式还有助于对数据进行异常洞察，更好地识别和理解企业的运营模式和风险。它还为审计人员提供了一个更加完整和全面的审计视角，使其能够更好地为客户提供有价值的建议和反馈。

（三）从单一审计报告向综合审计成果应用转型

目前，内部审计人员的审计成果主要是提供给被审计单位的审计报告，其格式固定，内容单一，包含的信息较少。随着大数据技术在内部审计中广泛应用，内部审计人员的审计成果除了审计报告外，还有在审计过程中采集、挖掘、分析和处理的大量的资料和数据，这可以提供给被审计单位用于改进经营管理，促进内部审计成果的综合应用，增强综合内部审计成果的应用效果。

内部审计人员对大数据等技术的应用，促进了审计成果的进一步综合应用。首先，通过对汇集的大量审计数据进行归纳和总结，审计人员能够揭示被审计单位在财务、业务和经营管理等方面的内在规律，及时发现共性问题和发展趋势。其次，内部审计人员通过应用大数据技术，可以将同一问题归入不同的类别进行分析和处理，从不同的角度，不同的层面整合提炼以满足不同层次的需求。同时，通过对带有共性、普遍性、倾向性的问题进行挖掘，提炼出问题与数据中的相关性，可以全面发现被审计单位的各种问题，有利于被审计单位深入整改。再次，内部审计人员可对审计成果进行智能化留存，并通过大数据技术将问题规则化并固定到系统中，以便于计算或判断问题发展趋势，向被审计单位进行预警。最后，内部审计人员使审计成果、被审计单位与审计问题关联，并进行信息化处理，那么在进行下次审计时，可以根据上次的审计结果和预测情况来确定审计重点，有侧重地选取持续审计的时间、范围和数量，减少实地审计的时间和工作量，提高内部审计工作的效率。

（四）从重视证据的因果关系向重视相关关系转型

在以往的审计环境中，内部审计人员通常基于因果关系来搜集审计证据，以确保对被审计单位的经营和财务状况有充分的理解。这种因果关系明确指出了事件与结果之间的直接关联。然而，随着大数据技术的广泛应用，审计人员现在面临着新的挑战和机遇。

在数字经济时代，审计证据的获取和分析变得更为复杂。大量的数据通过互联网流动，数据的存储、处理和传输跨越了全球范围，导致寻找和证明因果关系的审计证据变得异常困难。例如，由于数据在全球范围内自由流动，审计人员可能很难确定具有因果关系的数据的确切数量和来源。此外，云计算环境中的数据共享和分散存储使得审计证据的搜集更加复杂。传统的观察、函证等方法在这种环境中几乎难以应用，因为审计人员很难观察或确定要审计的确切数据源。

但这种挑战也催生了一个新的趋势，即从重视证据的因果关系转向更加注重相关关系的分析。虽然大数据没有改变审计事物之间的实际因果关系，但在大数据分析中，与因果逻辑关系相比，对相关关系的重视明显增加。这意味着，审计人员不再只依赖直接的因果证据，而开始利用大数据技术来发现和分析各种可能的相关关系，从而更全面、更深入地了解被审计单位的状况。

（五）从精确的数字审计向高效的数据审计转型

在过去，内部审计强调数字的精确性。这是因为，当数据量较小、简单且容易管理时，审计人员可以深入地检查每一项数字，确保每一个数字都是准确无误的。然而，随着技术的进步，特别是大数据技术的出现，人们逐步进入一个数据爆炸的时代，内部审计人员面临的不再只是小批量、单一来源的数据，而是海量数据。在这种情况下，坚持传统的、基于精确性的数字审计方法不再可行，内部审计的焦点应该从过去的“深入每一个数字”转向“全面了解数据的整体情况”。在大数据环境下，关键是能够快速、有效地对大量数据进行筛选、处理和分析，找出其中的关键信息，而不是深入每一个数据点。这要求审计人员熟悉大数据工具和技术，并能够灵活运用它们来处理和分析数据。

（六）从个别单位审计向审计全覆盖转型

公司内部审计要全覆盖公司经营业务，且必须创新审计方法。大数据审计在审计对象上，要做到纳入公司预算的单位无遗漏；在审计内容上，做到涵盖公司及其分支公司或项目的全部财务收支无死角。特别是在内部控制评价中，如果采用传统内部审计方法只能选择一部分分支公司进行评价。借助大数据审计手段，运用大数据技术，可实现对公司所有分支公司评价全覆盖。一方面，内部审计不再局限于个别被审单位的凭证、账面、财务系统等信息，大数据审计将拓展内部审计视角，在海量数据中挖掘出被审计单位全部的业务信息，在经营活动、内部控制、管理流程等方面进行综合分析，并进行确认、评价；另一方面，内部审计机构利用数据、业务之间的关联性进行跨部门、跨区域、跨项目、综合、系统的审计，对公司及其分支公司间的经营活动进行全景式审计。大数据审计不仅可以通过对相关领域长年累月形成的数据进行分析，挖掘出某种群体行为的共同特点，提示某种社会现象的潜在规律，为公司制定政策提供关键依据，还可以评估公司政策的实施效果，从而帮助公司不断发现问题，改进方法。通过大数据关联分析，督促公司完善制度、创新管理手段，推动政策不断完善，促使公司治理不断完善。

第二节 企业数字化赋能内部审计转型的内在机制

笔者认为，企业原有的数字化水平是内部审计数字化转型的基础，企业内部数字化的发展程度决定着企业内部审计数字化转型难易程度。下面笔者将从三个角度分析企业数字化赋能内部审计转型的内在机制。

一、企业数字化为内部审计转型提供了技术基础

随着信息技术的快速发展，企业数字化已经成为现代企业的核心竞争力之一。对于内部审计而言，企业数字化不仅仅是一种外部环境的变化，还是一种内在的技术驱动力，为其转型提供了坚实的技术基础。

（一）集成化与高效化的审计工具

企业数字化所引领的信息技术创新为内部审计工作提供了众多集成化与高效化的工具，如企业资源计划（ERP）系统和客户关系管理（CRM）系统等。ERP系统涵盖了企业的各个部门和业务流程，如财务、采购、销售、库存等，为审计人员提供了一个一体化的平台，使他们可以方便地获取各种审计数据。而CRM系统则专注于企业与客户之间的交互，从客户的需求、购买记录到售后服务等各个环节的数据都被详实地记录下来，为审计人员进行企业客户关系管理提供了丰富的数据支撑。这些集成化的系统不仅简化了数据的收集和整理过程，还使得数据更为系统化、结构化，有助于大大提高审计的准确性和效率。同时，这些系统的自动化报告功能使审计人员能够轻松地制作各种审计报告，进一步提高审计效率。因此，企业数字化带来的这些集成化的工具和平台为内

部审计工作提供了强大的技术支持，确保了审计的质量和效果。

（二）智能化的审计技术

企业数字化进程中普遍采纳的技术，如机器学习、深度学习、自然语言处理技术，为内部审计带来了前所未有的智能化动力。机器学习可以通过大量数据训练模型，自动识别并预测企业中可能出现的各种异常模式。这种预测性分析有助于大大提高审计的准确性。深度学习可以进一步挖掘复杂的数据关系，揭示那些不容易被人觉察的潜在风险点或审计线索。自然语言处理技术能对大量文本数据进行快速解析和分析，无论是审计员在审计过程中所作笔录还是企业内部的电子邮件和文档，都可以成为审计的数据来源。这些智能化技术不仅大大加速了审计过程，还促进了对数据的深度挖掘，使审计结果更为全面和深入。总的来说，智能化的审计技术彻底改变了传统审计的模式和范式，使其更加精准、高效，同时为企业提供了更加科学和系统的风险管理建议。

（三）实时化与连续化的审计方式

传统审计方式往往基于历史数据进行定期检查，但企业数字化带来的技术进步，如云计算和物联网，使得企业能够实时监控数据流和操作，为审计部门提供了持续性和实时性的数据获取途径。云计算允许审计人员随时随地访问审计数据，无须等待固定时期。而物联网技术则捕获了企业的实时运营数据，可帮助审计人员及时识别和应对风险。此外，实时分析工具能对大数据进行快速分析，自动识别异常和风险点，大大提高审计效率。持续性审计意味着审计活动不再是一次性的项目，而是一个持续的过程，随时对企业的关键流程和数据进行监控。这种实时化与连续化的审计方式不仅提高了审计的及时性和准确性，还使得审计更具前瞻性，增强了审计的价值和影响力。

（四）可视化的审计报告

基于先进的数据可视化工具和商务智能（business intelligence, BI）技术，审计结果不再是冗长的文字描述，而通过图表、趋势线、热力图等直观方式得以呈现，使得复杂的审计数据和分析变得直观易懂。这样的可视化报告能够迅速传达关键信息，帮助决策者在短时间内洞察企业的运营状态和风险点。同时，动态的数据交互功能允许用户根据需求深入挖掘数据，获取更具针对性的分析结果。对于审计员而言，可视化工具简化了报告制作流程，让他们能够更专注于数据分析而非报告的制作。

二、企业数字化为内部审计转型提供了数据基础

（一）数据的中心化管理

企业数字化为内部审计转型带来的最大变革之一便是数据的中心化管理。在数字化浪潮下，众多企业已经转型为数据驱动的组织。数据中心化管理意味着企业所有的数据来源，无论是财务、运营、市场还是人力资源，都被统一地存储在一个中央系统或数据仓库中。这种集中式的数据管理方式为内部审计带来了很大的便利。审计人员可以轻松地访问和查询所有相关数据，无须逐一跟踪或联络各个部门获取信息。这样大大缩短了数据收集的时间，减少了数据孤岛造成的信息误差和不一致。可以说，数据的中心化管理为内部审计建立了坚实的数据基础，使审计工作更加系统、高效和精确，为企业指引了更加全面和深入的审计视角。

（二）数据的多样性与完整性

企业数字化通过扩展数据来源、采纳先进的数据治理策略和工具，以及实施有效的备份和恢复策略，确保了数据的多样性和完整性，为内部审计提供了坚实、多元和可信赖的数据基础。

1. 扩展数据来源

随着企业数字化，企业不再仅仅依赖于单一或传统的数据来源。数字化促使企业更加主动地寻找各种数据资源，包括互联网、社交媒体、物联网设备，以及与合作伙伴、供应商和客户的交互数据。更进一步，通过公共数据集、第三方数据提供者，甚至开放数据平台，企业可以进

行前所未有的市场、行业和客户洞察。这种数据来源的多样性不仅丰富了企业的数据池，还为审计提供了更加广泛和多角度的视野，使得审计更具深度和广度。

2. 采纳先进的数据治理策略和工具

数据治理是确保数据的质量、完整性、安全性和一致性的一套策略和程序。随着数据量的激增，企业开始意识到仅仅收集数据是不够的，更重要的是如何管理这些数据。通过采纳先进的数据治理策略，企业能够定义数据的标准、元数据、数据质量标准和数据的生命周期管理流程。此外，现代的数据治理工具可以自动检测数据的不一致性、重复性和错误，并提供修复建议，确保数据的准确性和可靠性。这为内部审计提供了一个坚实的、高质量的数据基础。

3. 实施有效的备份和恢复策略

随着数据的价值不断上升，数据的安全性和完整性成了企业关注的焦点。有效的备份和恢复策略确保了数据在任何情况下都不会丢失。通过定期备份、多地存储，以及灾难恢复计划，企业可以在面对硬件故障、人为操作失误或者恶意攻击时迅速恢复数据，确保业务连续。这样不仅确保了数据的完整性，还增强了审计人员对数据的信心，使他们能够依赖这些数据进行深入的审计分析。

（三）数据的实时性与持续更新

企业数字化基于多种技术和策略，如自动化的数据采集、云计算与边缘计算的应用、持续的数据流与事件驱动架构等，确保了数据的实时性与持续更新。这为内部审计提供了一个始终保持更新和时效性的数据基础，从而使审计工作更加高效、准确和有针对性。

1. 自动化的数据采集与传输

随着企业数字化的深入，越来越多的业务流程和交互都开始实时生成数据。通过物联网（IoT）设备、自动化的商业软件、在线交易系统等，数据可以在产生的瞬间立即被捕捉并传输到中央数据库或数据仓库。

这种自动化的数据采集和传输确保了数据的实时性，让审计人员可以基于最新的业务活动进行审计分析。

2. 云计算与边缘计算的应用

云计算为数据的实时处理和分析提供了强大的计算能力。无论数据量多大，云平台都可以快速地处理和更新数据。此外，边缘计算允许在数据产生的源头进行数据处理，这进一步加速了数据的实时处理速度，并确保只有有价值的数据被传输和存储，提高了数据的实时性。

3. 持续的数据流与事件驱动架构

企业数字化常常伴随着数据流的设计，这样可以确保数据在产生后立即流向需要它的系统或应用。事件驱动架构则确保了只要有新的数据或事件发生，相关的系统或应用都会立刻获得通知并处理这些数据。这种架构不仅提高了数据的实时性，还确保了数据的持续更新。

三、企业数字化为内部审计转型提供了管理基础

企业数字化为内部审计转型提供了坚实的管理基础，具体从策略制定、团队协作、人员培训到审计透明度和问责制，都得到了明显的加强和提升。这使得内部审计更加科学、高效和公正，可更好地服务于企业的管理和决策。

（一）制定更为明确与科学的审计策略和计划

随着企业数字化，管理者拥有了更加精确的数据和更高效的分析工具。这使得审计策略和计划制定更为科学和具体。数字化工具可以帮助审计部门更好地识别风险点，优化审计流程，并更准确地分配审计资源。此外，数字化工具还能帮助审计管理者进行实时监控，确保审计计划的执行与初衷保持一致。

（二）强化团队协作与沟通

企业数字化为内部审计团队提供了一系列高效的协作和沟通工具，如协同办公软件、实时消息通信工具和项目管理平台等。这些工具可确

保审计团队之间的信息流通无阻，增强团队协作效率。特别是在复杂的审计项目中，多个团队或部门需要协同作战，数字化工具确保了团队间的高效沟通和协作。

（三）促进审计人员的培训与发展

随着数字化技术的发展，审计人员需要掌握更多的技能和知识。企业数字化提供了丰富的在线培训资源和平台，使得审计人员可以方便地学习新的技能、知识和方法。同时，数字化工具可以帮助审计管理者更好地评估团队和个人的表现，制定更有针对性的培训和发展计划。

（四）提高审计透明度并强化问责制

企业数字化使得审计过程和结果更加透明。通过数字化的审计管理系统，审计过程、数据、结论和建议都可以被记录、存储和追踪。这不仅提供了审计证据支持，还确保了审计的公正性和公开性。此外，数字化工具还可以帮助审计部门更好地执行问责制，确保每个审计任务都有明确的责任人，并对其结果负责。

第三节　企业内部审计数字化转型的现实需求

内部审计数字化转型是指审计工作人员凭借相关信息技术，对审计工作所需信息进行收集和整理，并通过相关数字化平台等工具对审计数据进行分析和评价，得到符合审计项目目的相关结论的过程。下面笔者将从三个角度论述企业内部审计数字化转型的现实需求。

一、优化内部审计工作的需要

（一）降低内部审计成本

首先，数字化工具可以促使审计过程自动化，减少对人力的依赖，从而降低人力成本。当大部分数据收集和初步分析都可以自动完成，企业就可以减少为这些重复性工作雇佣的人员。其次，数字化审计减少了手工操作错误，从而降低了因错误而产生的额外的校正成本。再次，数字化工具能够迅速、准确地处理和分析大量数据，节省了大量时间，从而减少了时间成本。此外，利用云技术和其他远程工具进行审计可以节省与实地审计相关的交通、住宿和其他费用。最后，随着技术的不断进步，数字化审计工具的采购和维护成本也逐渐降低，进一步为企业节约成本。

（二）提高内部审计效率

在传统审计模式中，许多流程，如数据收集、记录验证、初步分析等，都需要大量的手工操作和人为干预，这不仅消耗了大量的时间，还增加了出错的风险。而数字化转型为审计工作提供了自动化的解决方案，使得这些任务可以在更短的时间内完成。例如，通过数字化工具，审计人员可以迅速从各种系统中提取数据，自动进行交叉验证，从而大大提高数据收集和验证的速度。此外，先进的数据分析工具可以帮助审计人员快速识别异常模式、交易或趋势，而不需要他们手动筛查每一条记录。这种自动化分析不仅加速了审计进程，还提高了审计的准确性。利用数字化工具，企业还可以实现持续审计，即实时监控业务活动并自动产生审计警报，从而确保关键风险得到及时识别和处理，而不是等到定期审计时才被发现。

二、满足企业战略发展的需要

企业内部审计数字化转型可满足企业战略发展需要。从以下三个角度来看，这种转型为企业提供了强大的支持和推动力。

（一）支持企业数据驱动决策

随着企业数据的爆炸性增长，利用数据进行决策已经成为企业发展战略中的核心要素。企业内部审计的数字化转型确保了数据的准确性、完整性和及时性，为企业管理层提供了有力的决策支持。数字化审计可以快速分析大量数据，识别关键趋势和模式，为企业战略规划和执行提供数据驱动，帮助企业更加精准地制定和实施战略。

（二）增强风险管理和合规性

企业发展往往伴随着各种风险，如市场风险、运营风险、技术风险等。企业内部审计的数字化转型使得企业可以更加系统、全面地评估和管理这些风险。先进的数字化工具可以实时监控企业活动，自动识别潜在风险，从而帮助企业及时作出反应，确保其战略目标不会受到威胁。此外，随着全球合规要求的加强，数字化审计也为企业提供了合规性保障，确保其业务活动始终符合相关法规和标准。

（三）促进企业创新和持续改进

为了应对日益激烈的市场竞争，企业需要不断创新和改进其业务模式、产品和服务。企业内部审计的数字化转型为企业提供了一个实时、动态的反馈机制，可帮助企业了解其创新和改进活动的实际效果，从而进行调整和优化。通过持续的数字化审计，企业可以及时发现业务流程、技术应用和组织结构中的不足之处，为持续改进和创新提供有力的数据支持。

三、满足国家监管的需要

（一）提升透明度和可追溯性

随着经济复杂性增强，国家监管机构就企业的财务、运营和风险管理等方面提出了更高的透明度要求。企业内部审计数字化转型确保每一个步骤都可以追溯和验证。当监管机构需要对某些问题进行调查或核查时，数字化审计工作人员可以迅速、准确地提供相关信息，大大提高了企业的透明度。

（二）及时响应法规变化

国家的法规和标准在不断变化，要求企业能够及时适应和遵循。数字化审计工具通常具有高度的灵活性和可配置性，可以迅速调整审计程序和标准以适应新的法规要求。例如，当新的财务报告标准出台时，企业可以迅速调整其数字化审计工具，确保其审计结果满足新的标准。这为企业在不断变化的法规环境中确保合规性提供了强大的支持。

第四节 企业内部审计数字化转型的理论基础

一、信息管理理论

信息管理理论，简而言之，就是围绕着如何高效、有序和安全地管理、组织和利用信息资源来支持组织的核心业务和决策活动的一系列理念和方法。随着信息技术的发展和应用，信息已经成为现代组织的核心资源之一，相应管理方式和效果直接影响组织的竞争力、效率和灵活性。

在企业内部审计数字化转型的背景下，信息管理理论为审计提供了新的思考维度和方法。传统的内部审计工作更多地依赖纸质文件和人工流程，而现代内部审计则需要处理大量的电子数据，使用先进的数据分析工具，并面临数据安全和隐私挑战。这就需要内部审计人员掌握审计专业知识的同时，了解信息管理的基本理念和方法。

信息管理理论强调信息的价值和重要性。在内部审计工作中，信息不仅是内部审计的对象，还是内部审计的工具和依据。高质量的信息能够为内部审计提供准确、完整和可靠的证据，从而提高内部审计的效率和准确性。因此，内部审计人员需要了解信息的生命周期，包括信息的产生、收集、存储、处理、分发和销毁，确保信息在整个过程中的质量和完整性。

信息管理理论提倡信息的共享和协作。在内部审计工作中，内部审计人员经常需要与其他部门和单位合作，共享和交换信息。这就要求内部审计人员不仅要掌握信息技术和工具，还要建立有效的信息共享和协作机制，确保信息的流动和利用是高效、有序和安全的。

信息管理理论关注信息的安全和隐私。随着信息技术的应用，内部审计数据往往包含了大量的敏感和机密信息，如财务数据、员工信息和商业机密。如何确保这些信息的安全，防止信息泄露、篡改和丢失，是内部审计人员必须面对和解决的问题。信息管理理论为此提供了一系列的方法和技术，如信息分类、访问控制、加密和备份。

二、价值链理论

价值链理论的基本观点是，价值链是一个集合体，许多各不一样但是互相联系的生产环节共同组成了一个动态的过程用来创造价值。价值链是由独立但相互关联的业务活动组成的“价值传输线”，可以直接或间接地连接不同的组织和业务活动。内部审计通过监督、评估与鉴证职能评估和改进内部控制、风险管理和公司管理流程，达到优化企业治理，提高企业价值的审计目标。

在企业内部审计数字化转型的背景下，价值链理论提供了一个新的视角，可帮助审计人员理解和评估企业的价值创造过程，并识别可能的风险和机会。

从价值链的视角看，审计不仅仅是对企业的财务和运营活动进行检查和评估，还包括了解这些活动是如何共同创造价值的，以及这些价值是如何与企业的战略和目标相匹配的。这要求审计人员不仅要掌握审计的基本技术和方法，还要了解企业的业务模式、竞争环境和价值创造过程，从而为企业提供更有价值的建议和意见。

价值链理论强调了活动间的相互关联和依赖关系。在内部审计工作中，审计人员需要识别和评估这些关联和依赖，以及它们可能带来的风险和机会。例如，供应链中的一个环节出现问题，可能会影响到整个价值链的运营和效率，而营销与销售活动的成功，可能会增加服务活动的压力和挑战。通过对这些关联的深入分析，审计人员可以为企业提供更全面和准确的风险评估和管理建议。

价值链理论关注企业的外部环境和竞争力。在内部审计工作中，审计人员需要关注企业在价值链中的位置，以及与其他企业的竞争关系。这要求审计人员不仅要了解企业内部运营和管理情况，还要关注外部环境和市场动态，从而为企业提供更有战略意义的建议和意见。

价值链理论也为审计提供了一系列的工具和方法。例如，通过对企业的价值链进行细致的分析，审计人员可以识别企业的核心竞争力和独特价值，从而为企业提供更有针对性的优化和改进建议；通过对价值链中的各个环节进行比较和基准分析，审计人员可以为企业提供更有深度的行业和市场分析。

三、流程再造理论

流程再造理论起源于20世纪90年代初，其核心观念是通过再造使企业业务流程达到最优，提高工作效率，降低工作成本。流程再造理论的提出是对传统的增量改进方法的一种挑战，强调的是彻底的、根本的、颠覆性的变革。

该理论指导下的操作流程包括以下几个步骤：①搭建团队与确认目标。流程再造首要组建一个跨职能的团队，并明确再造的目标和预期结果。②业务流程自检。在这一阶段，团队将深入分析和审视现有的业务流程，识别其中存在的问题和瓶颈，从而为后续的再造提供依据。

③营造环境与开发设计。在为流程再造创造有利的组织环境的同时，团队需要开发和设计新的、更为高效的管理过程。④局部试点与全面推进。新的流程方案初步形成后，先要在某个局部范围内进行试点，验证其有效性和适应性后，再在整个企业范围内进行全面推进。⑤不断校正。流程再造是一个动态的过程，团队需要持续监控新流程的实施情况，根据实际反馈适时进行调整和校正。

流程再造的成功实施需要遵循两大核心原则：第一，循序渐进原则，即在整个流程再造过程中，需要逐步、稳健地前进，避免盲目，不能急功近利；第二，整体流程最优化原则，强调在再造过程中，应从整体出发，确保整个流程的高效和协同。除此之外，流程再造还强调员工的主观能动性。企业需要激发员工的创新意识和变革意愿，使他们积极主动参与变革过程，从而实现高效管理。

对于企业内部审计领域，流程再造理论具有重要的参考价值。无论是面对数字化转型挑战时，还是寻求审计方法创新与变革时，流程再造理论都为审计部门提供了一个强大的理论支撑和操作框架，可确保审计工作高效、准确和有价值。本书中流程再造理论主要体现在构建企业审计数字化应用框架与分析流程中，可利用流程再造操作程序建立企业审计数字化应用框架，不断改进与修正审计流程，使其从传统审计模式向数字化审计流程转变。内部审计数字化转型流程中可收集相关信息数据，利用信息化技术手段对数据进行分析处理，以提高审计效率。

四、系统理论

系统理论起源于 20 世纪 40 年代，是研究事物整体性、互动性和目的性的一个综合性理论。该理论将组织或企业视作一个开放的、动态的系统，并强调其中各部分与外部环境之间的相互作用。这一观点对企业内部审计数字化转型的指导作用体现在以下几方面。

（一）整体性视角下的风险评估与管理

系统理论主张从宏观的、整体的视角出发，将企业看作一个完整、互动的系统，而非一系列孤立的部分。在内部审计数字化转型中，这意味着审计师不仅要关注特定业务或部门的风险，还应该从整体上识别、评估和管理风险。数字化技术，如大数据分析、云计算等可以帮助审计人员了解企业的全貌，从而更准确、更快速地识别潜在的风险点和薄弱环节。

（二）基于动态互动关系的审计方法与技术创新

系统理论强调各部分之间、组织与环境之间的动态互动。这鼓励审人员考虑企业内部各业务部门之间、企业与外部环境之间的交互作用及其对业务运营的影响。同时，这为审计人员提供了一个理论框架，使其能够更好地利用数字化技术，如流程自动化、人工智能、机器学习等，以创新的方式捕捉、分析这些互动关系，从而更深入地了解企业运营的真实情况。

（三）持续改进与适应性

系统理论中的开放系统观点强调系统与外部环境的相互作用和适应性。在内部审计数字化转型中，这意味着审计师需要不断地监测外部环境变化，如政策、法律、市场趋势等，并根据这些变化调整审计策略和方法。数字化技术使审计人员拥有了实时获取、处理和分析大量数据的能力，从而使其能够迅速响应外部变化，为企业提供及时、准确的审计反馈。

第五节　企业内部审计数字化转型的基本原则与目标

随着全球经济的数字化演进和信息技术的飞速发展，数字化转型已成为关乎企业核心竞争力和未来发展方向的重大战略。作为企业管理的重要组成部分，传统的内部审计模式已经无法满足现代企业日益复杂和动态的业务需求，企业内部审计进行深度的数字化转型已是大势所趋。那么，如何确保这一转型顺利进行并取得预期的效果呢？这就需要建立一个清晰的转型框架，包括把握企业内部审计数字化转型的基本原则、明确企业内部审计数字化转型的基本目标。下面笔者将对这两方面进行详细阐述。

一、企业内部审计数字化转型的基本原则

企业内部审计数字化转型不仅是一个技术层面的挑战，还是一个涉及战略、管理、人力资源和文化等多个方面的综合性任务。因此，在实施过程中需要遵循一系列基本原则，以确保项目顺利进行并取得成功。这些基本原则旨在规范整个数字化转型的各个环节，包括安全性原则，循序渐进、不断提高原则，客观可行性原则，灵活性原则，系统性原则和规范性原则，如图 3-3 所示。

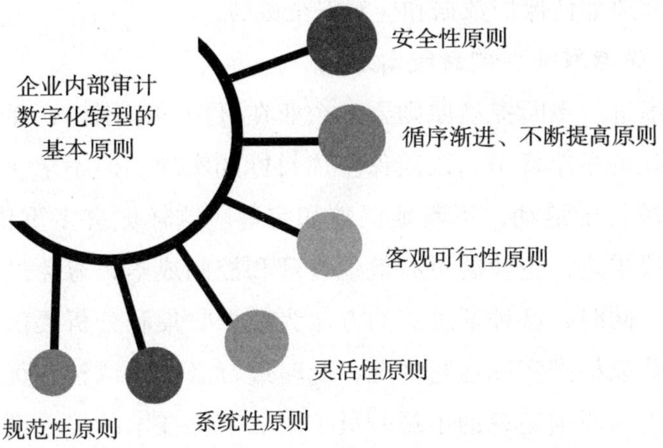

图 3-3　企业内部审计数字化转型的原则

（一）安全性原则

安全性原则在内部审计数字化转型中显得尤为关键。随着数字化技术的发展，数据成了企业的核心资产之一，但企业也要面临来自多方面的安全威胁。数据泄露、篡改或丢失可能导致企业受到重大经济损失，损害公司声誉，甚至触犯法律法规，引起法律诉讼。敏感信息的泄露，如企业策略、客户信息或财务数据，可能会被竞争对手利用，使企业处于不利的市场位置。内部审计的数据特别重要，如果被未授权的人员获取或被恶意修改，可能会导致错误的决策和策略，进一步放大潜在的风险和损失。因此，企业需要采取多种安全措施来确保数据安全。首先，企业需要构建一个强大的信息安全框架，确保从硬件到软件，从物理安全到网络安全的每一环都受到保护。对于审计数据，应采取加密措施，确保数据在存储和传输过程中的安全性。其次，实施访问控制，确保只有经过授权的人员才能访问敏感数据。这意味着应该建立一个严格的用户身份验证系统，并为不同的用户分配不同的访问权限。定期的安全审查和渗透测试也是必不可少的，旨在检测和修复任何潜在的安全漏洞。此外，员工培训和教育也是关键。每个员工都应该意识到数据安全的重要性，并知道如何保护数据和应对安全威胁。

（二）循序渐进、不断提高原则

循序渐进、不断提高原则要求企业在可控的范围内，逐步推动内部审计数字化的各个环节，以确保整体目标的实现。但不求一步到位，而是通过阶段性的活动，不断地调整和完善。这样做有多重优势。例如，通过分阶段推进，企业能更有效地管理和控制成本，避免过度投资导致资源浪费。同时，这种渐进式的方法为数据收集和分析提供了足够的时间，使企业能根据实际运行情况，及时进行必要的调整和优化。循序渐进、不断提高原则还有助于提升员工对数字化技术的接受度。通过逐步推行，员工能有足够的时间适应新技术，掌握必要的操作技能，从而减少因突然的变革而产生的抵触和困扰。此外，这种渐进式的推进方式还有助于企业更好地应对外部环境的变化。因为内部审计数字化并非一成不变，而需要不断地根据市场需求、法律法规和技术发展进行更新和升级。因此，循序渐进、不断提高的原则不仅确保了项目的顺利实施，还为企业的持续发展和竞争力提升奠定了坚实的基础。

（三）客观可行性原则

客观可行性原则强调在推进企业内部审计数字化过程中，各项措施和目标设置都应基于现实情况和实际需求，而非空想或盲目追求。这一原则有助于企业更精准地识别自身的优点和不足，从而制定出更符合实际的发展计划和实施方案。例如，对于一家初创企业而言，全面实施最先进的内部审计技术可能并不现实，因为这不仅需要大量的资金投入，还可能因人力资源不足而失败。相反，通过逐步、有针对性地引入适合自身发展阶段和具体业务需求的数字化元素，能更有效地降低相关风险。客观可行性原则还促使企业进行持续的评估和调整，具体包括对已实施方案的效果进行实时监测，对可能出现的问题进行预警和应对，以及根据实际运行情况对目标和计划进行微调。这样不仅有助于提高项目成功率，还能确保各项资源得到最优化配置。

（四）灵活性原则

随着企业环境的快速变化和监管要求的日趋严格，审计系统和工具势必面临更多挑战，因此需要迅速适应这些变化，确保审计活动始终处于最佳状态。高度的灵活性和可配置性不再是一个选择，而是一个必要条件。这也意味着审计技术解决方案不仅要在初始设计和部署时满足当前的需求，还要有足够的灵活性，以应对未来可能出现的各种挑战和机会。具体而言，当企业的业务模式、战略方向或内部结构发生变化时，审计系统应能够轻松进行调整，确保与企业的实际情况保持一致。此外，随着监管环境的变化，审计标准、规则和要求也可能发生变化，这就要求审计系统迅速更新，以满足新的监管要求。为了实现这一目标，企业应选择那些具有强大可配置和定制功能的审计技术解决方案，这样可以确保其长期与企业和监管环境保持同步。而这种灵活性不仅可以提高审计的效率，还可以确保审计结果的准确性和可靠性，从而增强企业的竞争力和风险管理能力。

（五）系统性原则

数字化转型并不只是在审计领域内部的单一行为，还涉及审计活动与企业的其他活动、系统及数据之间的深度整合。这样的整合意味着审计不仅要为了自身的任务，还要为了与企业整体的业务流程和 IT 架构保持一致性和连贯性。内部审计数字化的过程实际上是一个跨部门、跨系统的过程，它需要与企业的其他 IT 系统、财务系统和操作系统无缝集成，确保数据在整个组织中的一致性、完整性和准确性。这种整合有助于避免数据孤岛，确保审计人员可以获取所有相关的数据和信息，从而进行更为全面和深入的审计。同时，紧密的系统集成也可以确保审计的连续性，即使在企业进行业务变革或 IT 系统升级时，审计活动也不会被打断或受到影响。此外，系统性原则也意味着审计应该考虑企业的整体策略和目标，确保审计活动与企业的长期发展方向相一致，为企业的决策提供有价值的建议。总之，系统性原则强调的是数字化审计的全局性和整体性，它要求审计不仅要与时俱进，还要与企业的整体战略和业务流程保持一致，确保审计活动在数字化时代能够为企业创造真正的价值。

（六）规范性原则

规范化原则具体体现为工作流程、职责划分、管理规程、技术应用的规范化。

工作流程的规范化确保了审计活动在数字化环境中的连贯性和一致性。通过明确的工作流程，可以确保审计活动的每个步骤都按照既定的流程进行，从而确保审计结果的准确性和可靠性。同时，这也有助于简化审计流程，提高工作效率，降低错误和遗漏的风险。

明确的职责划分是确保审计工作有效进行的关键。在数字化环境中，审计人员的角色和职责可能会发生变化。通过对审计人员的职责进行明确划分，可以确保每个人都明确自己的角色，知道自己应该完成哪些任务，从而确保审计工作的高效进行。

管理规程的规范化为审计活动提供了明确的指导和框架。管理规程不仅指导审计人员如何进行审计活动，还规定了审计结果的报告和呈现方式，以及审计过程中可能出现的问题的处理方法。这有助于确保审计活动在整个过程中都按照既定的规范进行，确保审计的公正性、独立性和权威性。

在智能技术应用方面，规范化原则主要体现为技术标准、技术流程、技术质量的规范化。这确保了企业在引入和应用新技术时，能够遵循行业最佳实践和国际标准，从而减少技术不成熟或不兼容导致的风险和损失。技术标准的规范化不仅有助于内部系统的高效运作，还为与外部系统和平台的对接提供了便利。技术流程的规范化确保了从需求分析、系统设计到实施和维护，每一个环节都能得到有效管理和质量控制。而技术质量的规范化则意味着所有的硬件、软件和算法都需要经过严格的测试和验证，以满足企业对数据准确性、系统稳定性和安全性的高标准要求。这样的全方位规范化，不仅有助于提高智能技术的可靠性和效率，还为企业在更广泛的业务和市场环境中实现持续和高质量发展提供了有力支持。

二、企业内部审计数字化转型的基本目标

企业内部审计的数字化转型是适应现代经济发展和科技进步的必然选择。这种转型涉及多个层面的目标，确保审计更加精准、高效。企业内部审计数字化转型的基本目标如下所述。

（一）提高审计效率与准确性

数字化转型旨在提高审计的效率。传统的审计方法往往涉及大量的手工操作和人工判断，容易出现误差。数字化审计工具可以自动化地收集、处理和分析数据，减少人为干预，从而大大提高审计的速度和准确性。

（二）扩展审计范围与深度

数字化审计使得审计人员可以处理更大范围和更深层次的数据。这意味着审计不再局限于样本审计，而是可以覆盖所有的交易和活动。同时，高级的数据分析技术，如数据挖掘和机器学习，使得审计可以深入数据的每一个细节，挖掘出潜在的风险和问题。

（三）强化风险管理与预测

数字化审计工具配备了先进的风险评估和预测模型。这些模型可以帮助审计人员识别出潜在的风险点，进行风险等级划分，并预测未来的风险趋势。这使得审计从被动的事后检查转变为主动的风险预警和管理。

（四）增强审计的透明度与可追溯性

数字化审计记录了每一步的操作和决策，可确保审计的完整性和透明性。任何人在任何时候都可以查看审计的过程和结果，确保审计的公开和公正。同时，数字化审计工具具备详尽的审计日志和追溯功能，使得审计的每一个步骤都可以被追踪和验证。

（五）提升审计的时效性和响应速度

在高速发展的商业环境中，审计的时效性显得尤为重要。数字化审计可以实时地收集和处理数据，确保审计人员可以基于最新的业务活动进行分析。此外，数字化审计工具还可以实时地监控业务活动，一旦检测到异常或风险，立即发出警报，确保审计人员可以及时地进行响应。

第四章　企业内部审计数字化平台建设与应用

随着企业数字化转型的深入推进，传统的内部审计方式已经越来越难以满足现代企业日益复杂和多变的业务需求。数字化技术的引入，为内部审计领域开辟了全新的发展空间和可能性。在这个背景下，构建一个高效、先进的企业内部审计数字化平台，成为推动内部审计现代化、提升审计效率和效果的重要手段。本章旨在全面介绍企业内部审计数字化平台的建设与应用，为企业内部审计的数字化转型提供实务指南和参考。

第一节　内部审计数字化平台的概念与特征

一、内部审计数字化平台的概念

内部审计数字化平台，是指审计部门为了满足审计业务和管理需求，集成相关软硬件和中间件，开发构建而成的审计数据和信息处理综合数字化系统。内部审计数字化平台以数据库、通信、网络等现代数字技术群为运行基础，支持海量运算、组件复用和多用户并行操作，具备数据采集转换和查询分析、网络访问、权限设置、结果展现等通用审计功能，且展现出良好的开放性和扩展性，能很好地满足审计机关集成化、网络化、平台化的要求。

内部审计数字化平台的开发语言，通常为 J2EE 或 .NET 系统集成开发环境；后台操作系统，可以为 Unix、Linux 或 Windows server；数据库系统，多为 Oracle、SQL Server 或其他大型数据库；软件部署模式，可以为 B/S 模式或 C/S 模式；服务器分为数据库服务器和应用服务器，可根据需求选用性能稳定高效的小型机或 PC 服务器，必要时可作集群。此外，还要考虑存储、网络、安全、维护等多方面的因素。

二、内部审计数字化平台的特征

内部审计数字化平台的特征如图 4–1 所示。

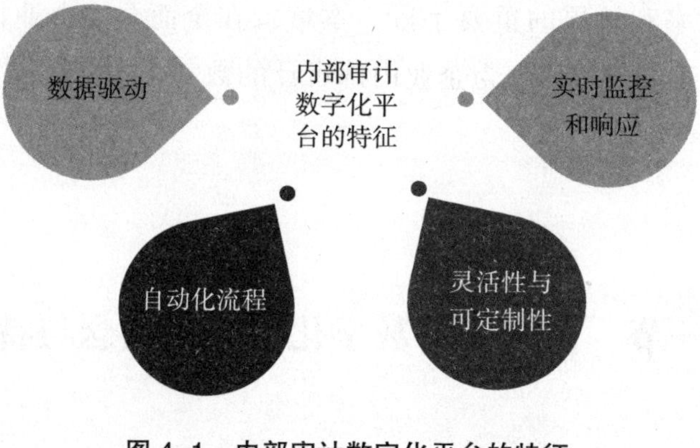

图 4–1　内部审计数字化平台的特征

（一）数据驱动

在传统的审计环境中，审计人员往往依赖手工方法和有限的数据来源来进行审计工作，这种方式既耗时又不够准确。而数据驱动的内部审计数字化平台则能够充分利用现代技术来收集、处理和分析大量的数据。这意味着审计工作可以更加深入、全面和客观，从而得出更加准确的结论。

内部审计数字化平台通常可以接入企业的多个数据来源，包括财务系统、人力资源系统、生产和供应链系统等。这些数据来源为审计提供了丰富的信息，使得审计师可以对企业的各个方面进行全面的审查。此外，数字化平台还可以利用高级数据分析技术，如机器学习和人工智能，使数据处理和分析的过程趋于自动化。这些技术可以帮助审计师快速识别出异常数据和潜在的风险点，从而更好地指导审计工作。

数据驱动的审计方法有助于提高内部审计的透明度和可信度。因为数据是客观的，而且可以通过数字化平台进行验证和复查，所以基于数据的审计结论更加有说服力。此外，通过数据分析，审计师还可以发现一些通过传统方法难以发现的深层次问题，从而为企业提供更加深入的建议。

（二）自动化流程

数字化平台使得多个审计环节趋于自动化，如数据收集、初步分析、异常检测等。这种自动化不仅提高了工作效率，还减少了人为误差，确保了审计质量和一致性。在数据收集环节，通过与企业的多个数据系统直接集成，数字化平台可以迅速、准确地获取所需的全部数据，无须人工干预。在初步分析环节，数字化平台可以自动对收集到的数据进行筛选和分类，使用预设的算法和标准来识别关键数据点和潜在问题。这不仅大大缩短了分析时间，还确保了结果的客观性和一致性。最后，数字化平台可以利用高级的数据分析技术，如机器学习和人工智能，来自动检测大量数据中的异常或不规则行为。这意味着潜在的问题和风险可以更早地被发现和处理，从而减少企业的损失。

通过自动化，可以确保审计工作的一致性和标准化，因为每次审计都是基于相同的流程和标准进行的，而不是依赖不同审计师的主观判断。这样不仅可以减少误差，还可以提高审计结果的可靠性和可比性。此外，自动化流程还为审计人员提供了更多的时间和精力去关注那些更为复杂和关键的审计任务。例如，审计人员可以使用自动化工具对大量数据进行初步筛选，然后再手工深入分析那些可能存在问题或风险的数据，从而更加有针对性地进行审计工作。

（三）灵活性与可定制性

随着企业业务的发展和变化，其审计需求也会不断发展和变化。因此，一个固定、单一的审计系统可能很难满足所有企业的多样化需求。内部审计数字化平台具有强大的灵活性和可定制性，具体体现在以下几方面。

1. 适应多种业务场景

在全球化和多元化的当代商业环境中，企业遍布多个国家和行业，每个国家和行业都有自己的运营模式、风险特点和法规要求。为了确保有效和准确的审计，审计平台必须能够适应这些不同的业务场景。例如，制造业可能更关注供应链管理和生产效率，而金融行业则更关注交易完整性和合规性。数字化审计平台可以灵活地配置其工具和功能，以满足这些独特的需求。此外，尽管中小型企业的业务规模较小，但其也可能面临复杂的审计问题。数字化平台的灵活性确保了它可以为各种规模的企业提供合适的解决方案，不论其业务如何复杂。

2. 个性化的审计策略和规则

企业的组织文化、策略和管理方式影响了其审计的方式和重点。每家企业都面临独特的风险和机会，因此它们的审计策略和规则也应该反映这些独特性。数字化审计平台允许审计人员根据企业的具体情况制定个性化的审计策略。这意味着审计人员可以更加有针对性地搜索异常或不规范行为，而不是采用“一刀切”的方法。此外，随着法规和监管环境的不断变化，企业需要灵活地调整审计规则，以确保合规。数字化平台这种灵活性特点，使审计人员可以快速地响应外部环境的变化。

3. 模块化的设计

不同的审计任务和功能可能需要不同的工具和方法。通过模块化设计，审计人员可以根据具体的审计需求选择和组合适当的模块，而不是受限于一个固定的审计程序。例如，一家企业可能需要重点关注财务数据的审计，而另一家企业则更关注供应链的完整性。模块化的设计也意味着审计平台可以随着时间的推移进行扩展和升级，确保其功能始终与企业的发展和变化保持同步。

4. 与其他系统的集成

现代企业使用了大量的软件和系统来支持其业务运营，如企业资源计划（ERP）、客户管理系统（CRM）和供应链管理系统。为了进行有效的审计，审计人员需要从这些系统中获取数据。数字化审计平台通常有强大的集成功能，可以轻松地与其他系统进行连接，从而确保数据的完整性和一致性。这种集成不仅简化了数据收集的过程，还确保了审计数据的实时性和准确性。此外，与其他系统的紧密集成也使得审计人员可以轻松地对接企业的其他关键流程，如风险管理和合规性监控，从而提供一个全面的审计视角。

（四）实时监控和响应

随着企业信息化水平的不断提升，内部审计数字化平台不再满足于对历史数据的审查，而是更多地转向实时的数据监控和分析。实时监控和响应成了内部审计数字化平台的核心特征之一。

实时监控意味着审计平台可以持续不断地对企业的各种交易和操作进行检查，确保其符合相关的政策、规定和法律法规。实时响应则确保一旦出现任何可能的问题或违规行为，系统能够立刻采取措施或者警告相关人员，从而防止问题的进一步发展或扩大。

实时监控和响应功能使审计人员能够及时发现潜在的风险，并为管理层提供关键的信息和建议，从而帮助企业更好地应对外部和内部的各种挑战。与传统的静态审计方法相比，这种动态的、实时的方式更能反映企业的真实运营状态，提供更为准确的决策依据。而且，这种实时的方法还能提高审计的效率和效果。因为在问题出现的第一时间得到响应，审计人员可以更快地定位问题，减少潜在的损失，提高工作效率。

第二节　内部审计数字化平台的需求分析

需求是对内部审计数字化平台应该具备的目标、功能、性能等要素的综合描述。需求分析是对内部审计数字化平台需求的调查、分析、描述和验证。

一、需求分析的概念及意义

（一）需求分析的概念

需求分析（requirement analysis）是调查用户对信息系统的需要和要求，结合组织的目标、现状、实力和技术等因素，通过深入细致的分析，确定合理可行的信息系统需求，并通过规范的形式描述需求的过程。①

从需求分析开始，开发人员需要把注意力转移到要开发的内部审计数字化平台上来。在开发内部审计数字化平台之初，分析人员需要先了解用户希望建立怎样一个平台，这个平台能够为用户解决哪些问题，平台应该具备哪些功能，用户与平台可能交互哪些信息，用户通过怎样的方式来使用平台等问题。

用户是站在平台的使用者的角度提出需求的，一般不会细致考虑自己所提出的需求与企业的目标是否吻合，与企业的业务模式是否一致，企业目前的经济能力是否能够承担其所提出的平台要求，新平台给企业

① 卫红春，朱欣娟．信息系统分析与设计[M]．西安：西安电子科技大学出版社，2003：107.

所带来的效益是否就一定高于所花费的成本等问题。对于以上这些问题，开发人员需综合企业的目标、业务现状、技术条件和投资能力等因素进行分析，以便确定合理、可行的内部审计数字化平台需求。

（二）需求分析的意义

需求分析是平台开发过程中的一项核心工作，其意义主要体现在以下几方面。

1. 明确目标与方向

需求分析是内部审计数字化平台建设的第一步。通过对需求的深入了解和分析，企业可以清晰地确定数字化平台的目标、功能和预期效果。这有助于避免在后续的开发和实施过程中出现偏离初衷的情况，确保资源的有针对性投入，提高项目的成功率。

2. 合理配置资源

在资源有限的条件下，需求分析可以指导企业优先考虑并满足最关键、最核心的需求。通过对各个需求的权重和优先级的判断，企业可以合理分配人力、物力和财力资源，确保项目在关键环节得到足够的支持，避免资源的浪费。

3. 提升用户满意度

需求分析注重从用户的角度出发，深入了解他们的真实需求和期望。当数字化平台真正满足用户需求时，将大大提高用户的工作效率和满意度。与此同时，一个与用户需求高度匹配的平台更容易获得用户的接受和认同，从而确保平台长期稳定运行和不断更新迭代。

4. 降低项目风险

需求分析为项目提供了明确的蓝图和指导。当项目的方向和目标清晰时，可能出现的问题和风险会大大减少。对需求的深入了解和分析有助于在项目初期预见潜在的挑战和风险，从而采取预防措施，或制定相应的应对策略，确保项目平稳进行。

5. 强化沟通与合作

需求分析通常涉及多个部门和团队，这促进了部门间的沟通与合作。当各个部门和团队对项目的需求有共同的理解和认知时，其将更加顺畅地协同工作，确保项目的连贯性和一致性。同时，这也有助于汇集和整合来自不同团队的创意和建议，为项目的成功提供更多的可能性。

二、需求分析工作内容

在构建内部审计数字化平台时，确保对需求的准确理解和表达是至关重要的。一个平台无论功能有多强大，如果不能满足实际业务需求，它的价值就会大打折扣。因此，需求分析不仅仅是一个简单的收集需求的过程，它还涉及多个步骤，每个步骤都有其独特的目的和作用。从初步的需求调查，到需求的确认、验证，再到详细的描述和持续的管理，每一环节都确保了需求的完整性、准确性和可实施性。接下来，笔者将详细探讨这五个核心内容，理解它们在整个需求分析过程中的关键作用。

（一）需求调查

需求调查也称为需求获取，是由分析人员通过各种方式深入了解用户对内部审计数字化平台的要求，获得用户需求的过程。常用的方法有以下五种，如图 4-2 所示。

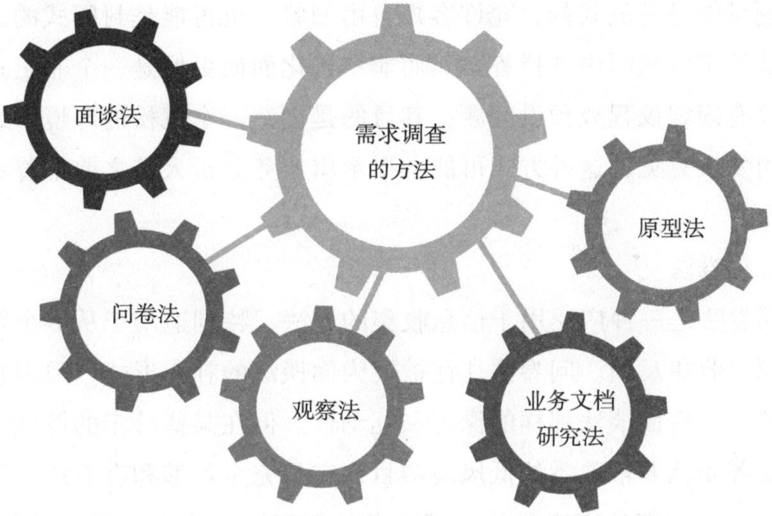

图 4-2 需求调查的方法

1. 面谈法

面谈法作为需求获取的重要方法，关键在于发现事实和聚集信息。它涉及与两类重要的人群交流：领域专家和客户。与领域专家的交流往往集中于知识的转换与分享，为业务分析人员提供了一个深入学习和了解特定领域的机会。通过这种交流，分析人员可以快速地掌握复杂的业务知识，从而更准确地捕捉需求。与客户的交谈则相对复杂，许多客户对自己的需求只有模糊的认识。他们可能遇到困难，无法清晰地表达自己的需求，也可能出于某些原因不太愿意合作。更具挑战性的是，客户可能会提出超出预期或技术难以实现的需求，甚至有时他们的需求可能与其他客户的需求发生冲突。面对这些情况，业务分析人员不仅需要具备专业的技能和经验，还要有出色的沟通和人际交往能力，以确保需求的收集过程顺畅进行。

面谈法主要有两种形式：结构化面谈和非结构化面谈。结构化面谈通常需要事先准备，有明确的议程，并涉及一系列预先确定的问题。这些问题可能是开放式的，允许客户自由回答，也可能是封闭式的，需要客户从给定的选项中选择答案。而非结构化面谈更像是一个非正式的讨论，没有固定议程或预设问题，其目的是创造一个宽松的环境，鼓励客户自由发表意见，这种方式可能会揭示出业务分析人员之前未曾考虑过的需求。

2. 问卷法

问卷法是一种广泛用于信息收集的方法，特别适用于从多个客户或用户那里收集反馈。问卷法往往被视为面谈法的补充形式，因为它在某些情境下没有面谈法那样的深度和互动性。但在某些特定的情境中，如对于业务团队非常熟悉的低风险项目，它是完全足够和有效的。问卷法的优点在于回答者有充足的时间思考如何回答，这有助于获得更深入、周全的答案。另外，由于问卷通常是匿名的，因此可以鼓励受访者更真实、直接地表达自己的看法。然而，它也有明显的缺点，如受访者可能会对某些问题产生误解，导致答案偏差等。

问卷的设计对于获得有效的反馈至关重要。为了确保清晰和简洁，需避免过多的开放式问题，因为这些问题可能导致答案过于分散或难以分析。大多数问题最好采用封闭式的形式。封闭式问题有几种基本的形式选择。

（1）多项选择问题。这种问题要求回答者从一系列给定的选项中选择一个或几个答案，但也可以为回答者提供额外的空间，以便他们添加任何额外的注释或反馈。

（2）评价问题。它们要求受访者就某个陈述或问题表达观点，常见的答案选项包括“强烈同意”“同意”“中立”“不同意”“强烈不同意”和“不知道”。

（3）排序问题。这种问题需要受访者根据特定的标准或参考，如优先级、偏好或频率，对给定的选项或项目进行排序。这种问题形式可确保问卷不仅易于填写，还可以更轻松地分析和解释答案。

3. 观察法

观察法是一种在特定情境下非常有用的需求收集方法。在某些情况下，业务分析员可能发现，尽管尝试了面谈和问卷等方法，仍然很难获得完整和真实的业务流程信息。例如，客户可能不太能够准确或完整地表达自己的需求，或者他们只能提供业务过程中的某些片段。这时，直接观察实际业务过程可能是获得确切事实的最佳方法。

观察法通常分为两种形式。

（1）被动观察。在这种观察活动中，业务分析员将保持距离，不对业务活动进行干预，而只静静地观察业务如何运作。在某些情况下，为了更少地干扰业务流程，可以使用摄像机进行记录。

（2）主动观察。此观察活动中，业务分析员会更加积极地参与到业务活动中，甚至可能成为活动的一部分，亲自体验和了解实际的工作流程。

为了确保观察所得的信息具有代表性，观察应该在一个相对长的时间段内持续进行，尤其要确保在不同的时间和不同的工作负荷下都进行观察。

观察法也存在一定局限性。最明显的是，当人们知道自己正在被观察时，他们的行为往往会发生改变。这种自觉性可能导致他们更加符合形式化的规则和流程，而忽略或隐藏一些实际的、可能存在问题的工作方法，从而影响到观察的真实性。因此，业务分析员在使用观察法时需要高度警觉，尽量捕捉到最真实的业务运作情况。

4. 业务文档研究法

业务文档研究法是一种在需求分析中较为重要的方法。这种方法主要是通过对组织内部的各种文档、表格、报表及外部的领域刊物和参考手册进行深入研究来获取需求。与直接与用户交互的方法不同，业务文档研究法更多是基于已有的记录和资料进行分析，从中提炼出需求和业务流程。

要研究的文档包括已填写的业务表格、详细的工作流程描述、职位说明、各类政策和规程手册、长中短期的业务计划、组织结构图、办公室间的通信记录、各种会议的纪要和决议、各种财务报表，以及与外部组织或个人的通信记录，如客户的反馈和投诉等。此外，系统的表格和报表也是研究的重要对象，这通常涉及现有的计算机系统和应用。例如，可以研究计算机屏幕的界面设计、输出的报表内容，以及与这些系统相关的各种文档，如系统操作手册、为用户准备的文档、技术实现细节文档，以及系统的分析和设计模型等。

5. 原型法

原型法是一种独特而有效的需求获取方式，特别适用于那些难以明确目标、缺乏清晰文档流程、持续变化需求，以及用户和开发团队都存在知识和经验缺口的项目。当面对这样的情境，利用传统的需求获取方法可能效果不明显。此时，原型法作为一个动态的、直观的工具显得尤为重要。

（二）需求确认

需求确认是在需求调查的基础上，结合企业目标、业务现状、技术水平、投资能力等因素，对用户提出的需求从内部审计数字化平台的整体架构、业务功能、技术性能、风险等方面进行深入分析，最后确定全面、合理、可行的内部审计数字化平台需求。需求确认包括目标认定、结构划分、功能确定、性能的权衡选择和风险分析等几方面的内容。

1. 目标认定

为了确保内部审计数字化平台成功实施，必须明确该平台希望达到的目标。这些目标应该根据组织的整体目标导出，并明确支持和促进组织的使命。在确认目标时，要确保这些目标与组织的长远发展和日常运营紧密相关，确保内部审计数字化平台不仅满足当前的需求，还能够适应未来的发展变化。

2. 结构划分

结构划分涉及从宏观角度确定内部审计数字化平台的构架和组成部分。这种结构的划分通常基于前期的领域分析，特别是职能域或功能域。每个职能域或功能域可能对应内部审计数字化平台的一个结构单元。通过合理的结构划分，可以确保平台的各个部分协同工作，同时保持足够的灵活性以应对可能的变更和调整。

3. 功能确定

功能的确定涉及定义内部审计数字化平台的效能和作用。平台的目标是功能分析的主要依据，同时用户的实际需求是功能定义的重要来源。这一过程旨在确保平台的每个功能都与其核心目标紧密相关，并能为用户提供真正的价值。

4. 性能的权衡选择

在确认需求时，对用户提出的各种性能要求进行综合分析是至关重要的。从技术、经济和社会等多个角度对性能进行权衡，确保选择的是合理且可行的性能。这可能涉及对不同的技术选项进行比较、考虑成本效益和评估可能的社会影响。

5. 风险分析

风险分析的目的是识别那些可能导致开发和实施困难的需求，并确定相应的应对策略。这包括但不限于技术风险、性能风险、安全风险、数据库完整性风险、开发过程风险、政治风险和法律风险等。对于每一种风险，都应该制定相应的管理和缓解措施，以确保项目的成功实施。

（三）需求有效性验证

需求有效性验证是要检验需求能否反映客户的意愿。它和分析有很多共性，都是要发现需求中的问题。但它们是截然不同的过程，有效性验证关心的是需求文档完整的草稿，而分析关心的是不完整的需求。需求有效性验证很重要，如果在后续的开发中或当平台投入使用时才发现需求文档中的错误，就会导致更大代价的返工。在需求有效性验证过程中，要对需求文档中定义的需求进行多种类型的检查。

1. 有效性检查

有效性检查是确认提出的需求是否真正符合用户的实际需求和期望。在内部审计数字化平台的开发过程中，可能会有很多用户或利益相关者参与，他们可能对平台有不同的功能需求。在某些情况下，用户提出的需求可能仅基于他们的初步认知，但进一步的分析可能揭示出需要添加的功能或需调整的部分。因此，进行有效性检查确保了所有需求在不同用户和利益相关者之间得以适当调整，确保所定义的需求真正对应他们的实际需要。

2. 一致性检查

一致性检查确保需求文档中的所有需求都是一致的，没有相互冲突或矛盾。例如，对于内部审计数字化平台，不应该有两个或多个需求对同一个功能进行不同的描述或设定相互冲突的约束。确保需求的一致性可确保系统在后续的开发和实施过程中不会遇到因为模糊或矛盾的需求而产生混淆或错误。

3. 完备性检查

完备性检查确保需求文档涵盖所有用户和利益相关者希望的功能和约束。这意味着需求文档应该详尽、全面，没有遗漏。对于内部审计数字化平台来说，这确保其在完成时可以满足所有预期的功能和性能，不会因为遗漏了某些关键需求而进行返工或调整。

4. 现实性检查

现实性检查是基于对现有技术、预算和时间表的了解来评估需求的可实现性。这意味着对于内部审计数字化平台的每个需求，都需要确认是否有现有的技术可以助力实现，以及是否可以在预算和时间的约束内实现。进行现实性检查可以预防因为不切实际的需求而产生后续问题。

5. 可检验性检查

为了避免在项目实施过程中出现争议，需求应该是可以检验的。这意味着每一个需求都应该有明确的标准或方法来验证。在内部审计数字化平台情境中，这确保了在平台开发和交付后，可以有明确的方式来检查和验证平台是否真正满足了定义的需求，确保交付的产品与用户和利益相关者的期望一致。

需求有效性验证可以采用以下一些技术。

（1）需求评审。需求评审是一种系统性的分析过程，通过一组专家或评审人员对需求文档进行深入的审查。这些评审人员通常具有多年的经验，能够从多个角度对需求进行评估，包括技术性、完整性、一致性和清晰度。通过团队合作，评审人员可以检测并识别潜在的问题、遗漏或冲突，并提供改进的建议。对于内部审计数字化平台来说，需求评审不仅能确保所有的需求都被恰当地考虑，还能确保需求文档的质量，为后续的开发阶段奠定坚实的基础。

（2）测试用例法。测试用例法依赖为每个需求设计具体的测试方法。通过设计和执行测试用例，可以验证需求的实现是否满足预期。利用这种方法能发现那些难以实现或不明确的需求。例如，如果为某一需求设计的测试用例特别困难，那可能意味着这个需求本身就存在问题或不明确之处。对于内部审计数字化平台，使用测试用例法可以确保平台的每个功能都经过严格的验证，从而保证最终产品的质量。

（3）自动的一致性分析。当需求使用结构化或形式化的方法表示，并已经形成了系统模型时，可以使用计算机辅助软件工程（CASE）工具进行自动一致性分析。利用这些工具能够检测模型中的冲突、矛盾或遗漏，确保模型的完整性和一致性。对于内部审计数字化平台，利用CASE 工具可以自动地检查需求模型，确保模型的准确性和完整性，为后续的开发工作提供更稳定的基础。

（四）需求描述

在对内部审计数字化平台需求进行调查和分析之后，需要把分析的结果用文档完整地描述出来，这就是需求描述的工作。描述内部审计数字化平台需求的文档被称为《内部审计数字化平台需求说明书》或《内部审计数字化平台需求规格说明》。《内部审计数字化平台需求说明书》将详细、准确地反映最终确定的内部审计数字化平台需求的内容，并能够简要地反映需求分析的过程以及相关问题。《内部审计数字化平台需求说明书》既是对需求分析工作的总结，又是后续阶段的工作依据，系统设计、系统实施以及系统评价都将按照内部审计数字化平台的需求进行。

内部审计数字化平台需求说明书应该包括的内容和采用的格式目前并没有形成统一的规范。因此，可以参考各种教科书、标准化组织提供的文档模版，也可以根据需要自己开发模板。

需求描述常用的工具有数据流程图、实体关系图、REA 图等，下面逐一进行介绍。

1. 数据流程图

数据流程图（data flow diagram, DFD）是一种图形化的工具，用于表示信息系统中数据的流动和处理过程。它展示了系统内部各个组件之间的数据交互关系，而不过多关注具体的实现细节或物理结构。数据流程图有助于了解和分析整个系统的结构和功能，从而确保系统设计与用户需求一致。

以下是关于数据流程图的主要组成部分。

（1）过程。这是数据流程图中的关键元素，它可以是一个简单的任务，也可以是一个更为复杂的子系统。在 DFD 上，它通常用圆圈或矩形框来表示。

（2）数据流。表示数据在系统中的移动。它是一个箭头，箭头的方向表示数据流动的方向，箭头上的标签描述了流动的数据内容。

（3）数据存储。它可以是文件、数据库或其他形式的存储机制。在 DFD 上，它常常用两条平行线来表示。

（4）外部实体。这是与系统交互但不是系统一部分的实体。例如，用户、供应商或其他系统可能都是外部实体。在 DFD 上，它们常用矩形框来表示。

使用数据流程图的优势主要体现在以下三方面：一是可视化。DFD为分析师和利益相关者提供了一个直观的视图，有助于了解系统的工作方式。二是模块化。可以从高级（即“上层”）开始创建DFD，并逐步深入更低级的细节，这样有助于分层分析和设计。三是提供沟通工具。DFD为开发团队和非技术用户提供了一个共同的沟通语言，有助于确保需求被正确理解。

在为内部审计数字化平台进行需求描述时，数据流程图可以有效地表示审计数据的来源、处理和存储方式，从而确保审计过程的透明度和准确性。

2. 实体关系图

实体关系图是数据库设计中的一种图形工具，用于描绘和分析组织数据的逻辑结构。它侧重展示数据的实体、实体之间的关系以及相关的属性。

在实体关系图中，实体通常表示为矩形，代表了数据的一个实体集，如“客户”或“订单”。每个实体都有与之相关联的属性，这些属性可能表示为椭圆形，并通过直线与其对应的实体相连接。例如，一个“客户”实体可能有“姓名”和“地址”等属性。

关系是实体之间的逻辑链接，通常表示为菱形，并通过直线与相关的实体相连接。例如，一个“订单”与一个“客户”之间可能存在“属于”关系。这种关系描述了订单和客户之间的逻辑联系，即某个订单是由某个客户下的。

此外，实体关系图还可以表示实体间关系的基数，即一个实体与另一个实体之间的可能实例数量。这通常通过在连接实体的直线上标注数字或符号来实现，如“1”和“多”。

实体关系图为数据库设计师提供了一种高效的方式来可视化和组织复杂的数据结构。它有助于确保数据表示既准确又合理。此外，通过实体关系图，开发者、项目经理和其他利益相关者可以更好地理解数据的逻辑结构，从而确保平台满足企业的需求并实现期望的功能。

3.REA 图

REA 图是会计信息系统领域的一种概念模型，其名称来源于其三个核心组件：资源（resources）、事件（events）和代理（agents）。该模型旨在提供一个更具综合性和一致性的方法来描述和记录经济事务。它强调的是经济事务的双重方面（即增加和减少），并通过资源、事件和代理之间的关系来捕捉这些信息。

REA 图的主要组成部分包括了①资源（resources）。这些是组织想要管理或控制的有形或无形的事物，如货币、物料或人力。②事件（Events）。描述了资源如何被使用或如何变化。事件可以是内部的（例如，产品生产）或外部的（例如，产品销售）。③代理（Agents）。这是与事件相关的个人或组织。代理可以是内部的（例如，员工）或外部的（例如，客户或供应商）。

在 REA 模型中，事件通常连接到资源，表示资源如何被影响，同时事件也连接到代理，表示谁参与了该事件。这种结构提供了一个完整的视图，展示了组织的业务活动及其对资源的影响。

使用 REA 图的优势体现在以下几方面：①完整性。通过强调经济事务的双重方面，REA 模型提供了一种全面的方法来记录事务。②灵活性。REA 模型可以更容易地适应和反映组织的变化。③一致性。使用统一的方法描述所有事务，确保数据的一致性和准确性。

对于内部审计数字化平台，REA 图提供了一种有效的方式来描述审计事务和其相关的资源、事件和代理。这有助于确保审计活动的完整性、准确性和一致性，同时为审计人员提供了一个更清晰、更系统的方式来了解和分析审计数据。

（五）需求管理

需求管理是确保项目或产品在其生命周期中保持对需求的连续关注

和维护。随着时间的推移，需求可能会发生变化，新需求可能会出现，而旧需求可能会变得不再相关或过时。有效的需求管理可确保这些需求得到适当的处理，确保系统或产品始终满足用户的需求。

需求管理主要关注以下方面。

（1）管理已经同意的需求变更。

（2）管理需求之间的关系。

（3）管理需求文档和其他在系统或软件工程中生成的文档之间的依赖关系。

需求变更可能是由于需求工程中出现了错误和误解、设计或实现问题。当项目相关人员对系统有一个更深的了解的时候，就会出现新的需求。然而，更普遍的认知是，需求变更是外部环境变更的结果。基于经济环境变更或者市场上出现新的竞争，商业机构购买系统的策略或者优先级可能变更。

经过以上需求分析，笔者拟定的内部审计数字化平台需求说明书如表 4–1 所示。

表 4–1　内部审计数字化平台需求说明书

项目准备	（1）产品的目的和范围 （2）业务模型 （3）项目投入者 （4）多种解决方案 （5）文档综述
平台服务	（1）平台的服务范围 （2）功能需求 （3）数据需求
平台约束	（1）界面需求 （2）性能需求 （3）安全性需求 （4）操作性需求 （5）政策和法律需求

续 表

项目的其他问题	（1）开放问题 （2）初步安排 （3）初步预算
附录	（1）术语表 （2）业务文档和表格

三、需求分析应注意的问题

（一）充分认识需求分析的重要性和复杂性

需求分析是内部审计数字化平台开发中的关键步骤。它的质量和深度直接决定了平台的最终表现和效果。需求是整个开发过程的依据和指南，任何在这一阶段产生的误差或疏漏都会导致平台最终无法达到预期的应用要求。一个细小的错误，若在初级阶段没有被识别和纠正，将随着项目进展被不断放大。因此，不但需求分析过程中需要非常严谨，而且要意识到这一阶段的任何缺陷都会导致后续开发的代价急剧上升。这种“错误放大效应”更强调了需求分析工作的重要性。为此，分析人员应给予需求分析足够的重视，确保每一个环节都处理得尽可能细致和扎实，从而确保得出的需求是合理和可行的。

在实践中，需求分析往往是一项充满挑战的工作。对于内部审计数字化平台的各个方面，分析人员需要有深入的了解，能够掌握和处理大量的信息。此外，他们还需深入组织的管理层面，识别深层的需求和关键问题。这不仅需要广泛的知识储备，还需要出色的沟通和分析能力。在整合各方的需求时，分析人员必须有能力调整和梳理不同的需求和关系，从而确定真正可行的内部审计数字化平台需求。这种高度的复杂性要求分析人员不仅需具备强烈的责任感，还必须拥有扎实和细致的工作风格。否则，整个平台开发的基石将难以稳固，从而影响整个项目的成功。

（二）充分尊重用户的意见

用户不仅是内部审计数字化平台的使用者，还是投资者，因此他们对平台的需求和预期自然具有决定性作用。在开发过程中，每一步都应该围绕用户的需要进行，确保他们的声音得到了充分的关注和回应。用户的需求和意见往往揭示了平台设计和功能上的关键要点，这些要点可能被纯技术人员所忽视。为了确保项目的成功，开发人员必须深入探讨用户的意图和想法，努力满足他们的需求。但是，现实中可能会遇到各种约束，如技术限制、环境变化或投资考虑，这可能导致不能完全满足用户的所有需求。在这种情况下，开发人员有责任清晰、准确地向用户解释为什么某些需求不能得到满足。这样的透明沟通有助于建立互信，确保项目在实际限制和用户期望之间找到平衡。此外，为了确保项目的方向和最终产出与用户的需求和期望保持一致，任何需求分析的结论都应该经过用户的验证和同意。这样做不仅可以确保产品的质量和相关性，还可以增强用户的参与感和满意度。

（三）确保需求的清晰性和可行性

首先，需求应该明确到细节，这样开发团队可以不受阻碍地进行工作。需求太过模糊或不明确，可能会导致开发过程中有所延误和变更，因为团队可能需要多次返回需求阶段以获得更多的明确指导。其次，需求的可行性也是至关重要的。这意味着收集需求要充分考虑技术、时间、成本和其他实际限制。如果某个需求由于技术或其他原因而难以实现，那么团队需要与利益相关者协商，以确定如何最好地满足该需求或寻找替代方案。

为了确保需求的清晰性和可行性，需求工程师和开发团队应该紧密合作，对需求进行细化。此外，采用原型或模拟等方法，可以帮助验证和澄清需求，确保它们与业务目标一致且易于实现。

第三节 内部审计数字化平台建设的目标与原则

一、内部审计数字化平台建设的目标

（一）持续审计和全面监督

内部审计数字化是推动内部审计从传统的事后和部分监管向持续审计和全面监督转变的关键。这一变革背后的驱动力是数字技术的集成和应用，包括财务共享网络、实时数据整合技术以及先进的分析模型。内部审计数字化致力利用这些技术构建一个全周期的风险管理和预警系统，通过审计数据中心、审计预警模型、风险管理模型和嵌入式审计模块等工具，实现对企业业务流程和交易流程的有效监控。数字化平台利用大数据审计手段，为财务信息的处理提供有效机制，确保信息的及时捕获、分析和反馈。

同时，内部审计数字化扩大了审计的覆盖范围，改变了传统内部审计中的部分主体抽样检查方法，向覆盖所有业务和交易的全面管理过程迈进。这样不仅有助于审计过程中关联信息和潜在线索的收集，还通过更加广泛的数据访问和分析，提高了内部审计项目的认知度，促成了更加完整和有效的内部审计证据链条。通过这种转变，内部审计的质量和准确性得以显著提升，进而为企业的风险管理和决策提供了坚实的数据支持和保障。

（二）内部审计规范管理

内部审计数字化平台十分注重内部审计规范管理目标。内部审计的规范管理目标主要体现在以下几个方面。

1. 建立并完善审计管理系统

建立并完善审计管理系统是实现规范化管理的关键。这个系统将围绕审计项目管理、审计人员管理、审计文档管理和审计知识管理等多个维度构建一套完整的管理规范，旨在确保审计活动的科学性和资源的合理分配。通过利用审计管理系统结合互联网的实时更新功能，可以实现对审计资源的有效整合和对审计活动的宏观监控，从而在确保审计质量的同时，强化内部审计的整体效果。审计管理系统作为数字化平台的核心组成部分，提供了一个集中化的平台来协调审计任务，监控审计进度，存储审计文件，以及分享审计知识。通过这种方式，其增强了内部审计工作的协同性。

2. 审计流程的规范化管理

规范化管理的目标之一是确保审计活动的每一个步骤都有明确的标准，这样不仅可以提升审计效率，还能够保证审计质量。数字化平台通过制定一系列审计操作相关标准流程、程序和方法，促使审计过程标准化、系统化，确保审计工作在整个组织内的一致性。规范化的审计涵盖了从初步的审计计划制定到最终的审计报告呈递整个流程，每个环节都有相应的数字化工具和模板支持，确保了审计的持续性和一致性。此外，审计流程规范化还意味着审计工作能够在组织内部各个层面和部门之间无缝对接，通过集中的数据分析、风险评估和控制测试，有效地拓宽了审计的覆盖面。数字化平台的应用，使得审计活动更加透明，审计结果也更容易被组织内外的利益相关者理解和接受，从而提高了内部审计的整体效能。

3. 强化规范执行监督

内部审计数字化平台注重强化规范执行监督，以确保审计工作严格按照既定的规范和程序进行。这一目标涉及对审计规范遵循情况的持续性监督和评价，而且要求确保所有审计工作符合内部和外部的法规。通过数字化工具和系统，可以自动跟踪审计过程中的各项活动，及时发现偏离规范的行为，并采取纠正措施。此外，数字化平台还能够提供审计质量控制报告，帮助审计管理层监控整个审计队伍的规范遵守情况，保证审计活动的合规性，提升审计工作的整体质量。

4. 统一审计标准与方法

通过标准化审计程序和方法，可以确保不同审计人员和团队在执行审计任务时的一致性和可比性。数字化平台可以集成最佳实践、行业标准和国际审计准则，并将这些转化为具体的审计操作指引。审计人员能通过平台获取这些统一的标准和方法，并将其应用于日常的审计工作中。这种统一化不仅有助于减少误解和错误，还能确保审计结果的质量和可信度。此外，当审计标准发生变化时，数字化平台能够快速传达新的要求和改进措施，确保审计团队始终遵循最新的规范，加强规范管理的动态性和时效性。

（三）审计取证方式创新

内部审计数字化要求改变传统的审计取证方式，以提升审计证据的质量和审计工作的效率。数字化平台使得内部审计可以从传统的现场取证模式转变为以非现场取证为主，这在很大程度上依赖对数据资源的有效利用和对分析技术的应用。通过运用大数据分析、数据挖掘技术以及SQL查询等方法，内部审计工作中能够更深入地分析和了解庞大数据集，从而识别出潜在的风险点和审计重点。这种方法不仅提高了审计工作的针对性和准确性，还提高了审计证据的质量。

内部审计数字化取证方式还意味着通过构建一个审计全覆盖网络，实现各个子公司、分支结构之间有效的信息关联。这种全面网络化的取证方式拓展了内部审计获取证据的广度和深度，使得审计能够在更大的范围内进行，包括那些可能以往难以触及的领域，从而确保审计活动的全面性和彻底性。通过这些创新的取证方式，内部审计数字化平台可有力地支持审计工作的现代化和高效化。

二、内部审计数字化平台建设的原则

内部审计数字化平台建设的原则如图 4-3 所示。

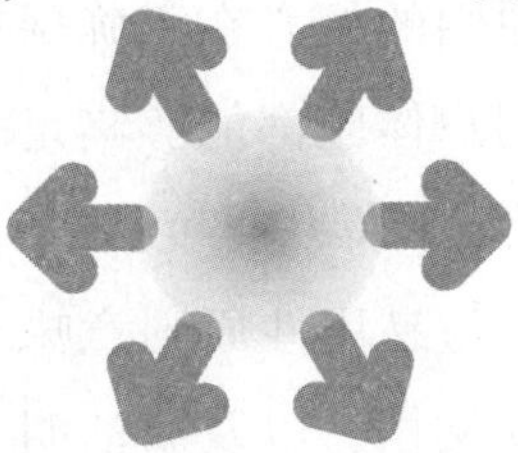

图 4-3 内部审计数字化平台建设的原则

（一）安全性与保密性原则

内部审计数字化平台建设必须遵循安全性与保密性原则，因为审计工作涉及大量敏感的财务和业务数据，如果不能保证平台的安全性与保密性，就会造成数据泄露、篡改和丢失，甚至直接影响到企业的信誉和运营安全。

第一，这一原则要求平台必须遵循国家和行业的数据保护法规，实施严格的数据加密措施。这包括在数据传输和存储过程中使用加密算法，以确保数据库和应用服务器的安全。第二，安全性与保密性原则还要求平台有一个全面的身份验证和授权机制，确保只有被授权的审计人员才能访问相关数据和审计工具。这通常通过多因素认证和角色访问控制来完成。第三，平台应该具备入侵检测和防御能力，能够及时识别和响应各种安全威胁，如网络攻击、恶意软件入侵以及内部的数据滥用等。第四，还应该考虑数据的备份和恢复措施，以防发生系统故障或数据破坏事件，可以迅速恢复审计工作，并保证数据的完整性。第五，安全性与保密性原则还要求定期进行安全审计和合规性评估，这有助于及时发现系统的薄弱环节并采取补救措施。同时，随着新的威胁不断出现，内部审计数字化平台需要不断更新其安全策略和工具，以应对不断变化的安全挑战。

（二）用户友好与易用性原则

用户友好与易用性原则的核心在于确保审计平台的界面设计、功能布局、交互流程，以及用户体验都能够满足非技术背景审计人员的使用习惯，降低他们的学习成本和操作难度。

第一，遵循用户友好与易用性原则意味着平台需要提供直观的操作界面、清晰的指引和帮助文档，以及简洁明了的操作步骤。这不仅使得新用户能够迅速上手，还支持经验丰富的用户高效完成审计任务。例如，通过简化的菜单、直观的图标、一键式功能和个性化的仪表板，用户可以快速找到他们需要的功能和信息。第二，易用性还涉及平台的响应速度和性能优化，以确保审计人员在处理大数据量时仍能享受流畅的操作体验。这就要求后端系统具备高效的数据处理能力和稳定的运行性能，同时要求前端设计尽量简洁，避免造成用户操作上的错误。第三，还要考虑审计人员在不同环境下的工作需求。平台应当支持跨设备和平台使用，无论是办公室的台式机、外出时用的笔记本电脑，还是在移动环境下的平板电脑和智能手机，都要使用户获取一致的操作体验。

为了践行用户友好与易用性原则，平台开发过程中需要不断地收集用户反馈，并据此优化用户界面和用户体验。这种以用户为中心的设计方法不仅提升了用户的工作效率，还有助于提高用户对平台的接受度和满意度，从而确保审计工作顺利进行。

（三）灵活性与扩展性原则

在内部审计数字化平台的建设中，灵活性与扩展性原则是至关重要的。遵循这一原则能够确保平台适应不断变化的审计环境、业务需求和技术进步，同时为将来可能的功能增加或业务扩展留出空间。

灵活性体现为平台容易适应不同的审计任务和用户需求。这意味着平台的架构设计需要足够模块化，允许审计人员根据特定的审计项目需求来定制和调整工作流程。例如，针对不同行业的审计规则和数据类型，平台应能灵活调整数据收集和处理的流程，同时能够适应各种规模的审计项目。

扩展性则意味着平台的未来成长能力。随着企业业务的发展和审计领域新技术的出现，数字化平台必须能够无缝地集成新功能或升级现有功能。这就要求平台采用先进的技术标准和开放的应用程序编程接口（API），以便轻松添加新的数据源、分析工具或其他技术解决方案。

此外，灵活性与扩展性原则也意味着平台应当支持跨国界或多语言的审计操作，确保全球企业能够在不同地区和市场中使用同一平台进行审计工作。

（四）系统集成与兼容性原则

集成性原则强调平台应能够无缝集成企业现有的各种信息系统，如财务系统、运营系统、人力资源系统等，还有外部系统，如银行和监管机构的接口，从而提供一个统一的审计视角。这种集成确保了数据能够在系统间自由流动，减少了数据孤岛的问题，提高了数据的完整性和审计工作的效率。在实施系统集成时，平台需要有强大的数据处理能力和业务逻辑处理能力，能够处理不同来源的数据，并确保这些数据的一致性和准确性。同时，集成过程中必须考虑长期的维护和支持，确保系统升级和新技术的引入不会导致现有集成的失效。

兼容性是集成的补充，可确保新建的审计平台适配各种硬件和软件环境，兼容主流的操作系统和数据库管理系统，并支持各种文件格式和数据协议。这样的兼容性是必要的，因为它允许审计人员使用不同的设备和技术工具，而不受限于特定的技术生态系统。此外，兼容性也意味着平台能适应不同用户的技术熟练程度，提供多种用户交互方式，如图形用户界面（GUI）和命令行界面（CLI），以满足不同用户的偏好。

系统集成与兼容性原则的遵循，确保了内部审计数字化平台能够在企业的技术生态中稳固地位，同时具备前瞻性，为企业的长期发展和技术升级提供支持，增强审计工作的连续性和适应性。

（五）标准化与规范化原则

标准化与规范化原则要求平台的构建和运作遵循一套明确的、普遍认可的标准和规则。这一原则的目的是确保审计活动的质量、一致性和可比较性，无论是在企业内部还是在不同的企业之间。通过遵循这些原则，审计活动可以更好地满足内外部监管的要求。

标准化涉及审计方法、程序、术语和报告的统一，要求所有审计活动都基于相同的框架进行，从而减少误解和混淆。这样，即使是不同的审计团队或个人在使用平台时，也能产生一致的审计结果。例如，数字化平台可以内置国际审计标准。

规范化原则可确保审计活动的各个环节，如风险评估、内部控制测试和证据收集，都遵循既定的流程和技术要求。这样不仅提高了审计活动的效率，还提高了审计结果的可靠性。规范化的流程也便于新审计人员的培训和引导，确保他们能够快速适应审计工作的要求。

此外，标准化与规范化原则也强调了审计数据格式的统一，以便数据可以在不同的系统和平台之间无缝传输和识别。这对于数据分析、跨部门合作以及与外部利益相关者的沟通都是必要的。

（六）成本效益原则

内部审计数字化平台建设的成本效益原则要求在保证审计质量和效率的同时，充分考虑成本的合理性和资源的有效利用。这一原则基于对成本与收益之间平衡的认识，旨在确保投入的资源能够产生最大的审计价值和组织效益。

遵循成本效益原则意味着在设计和实施数字化平台时，需要进行全面的成本效益分析，评估平台建设的必要性、预期的收益与可能产生的各项成本。开发过程中，应选择性能稳定且性价比高的技术解决方案，避免不必要的高端配置和过度设计，同时应考虑长期维护成本和可能的升级费用。

此外，成本效益原则强调审计活动在资源分配上的优化。数字化平台应支持自动化工具和智能化技术的应用，如人工智能和机器学习，这些可以帮助审计人员提高工作效率，减少重复性劳动，并发现过去人工方法难以识别的复杂模式和风险。通过减少人力资源的浪费和提升工作效率，内部审计工作的整体成本得以降低。

成本效益原则还涉及审计工作的策略性规划，如合理安排审计计划，优先关注高风险和高价值的领域，以及利用数据分析结果来指导审计资源的配置。这种策略性规划有助于集中资源处理最紧迫和最具影响力的问题，从而提高审计的整体价值。

在执行成本效益原则时，内部审计数字化平台的建设和运营应持续追踪成本与效益的关系，定期评估平台的经济性和审计活动的价值贡献，确保每一分投入都能产生最大的回报。通过这种持续的监督和评价，组织能够确保其审计资源的投入与战略目标和业务需求保持一致，最大化审计活动的经济效益。

第四节　内部审计数字化平台建设的总体架构

内部审计数字化平台的总体架构如图 4–4 所示。各个部分对应不同的功能，并且相互协同支撑内部审计。其中，构建信息安全和标准规范体系是建立全面的内部审计数字化平台的安全保护措施，包括数据信息安全、授权管理、病毒防范等多方面的管理。支持运维和服务保障体系包括内部审计制度的建设、内部审计人员的管理和培训等。下面主要论述内部审计数字化平台的主体部分，即基础设施层、支撑平台层、信息资源层、应用系统层和展现服务层。

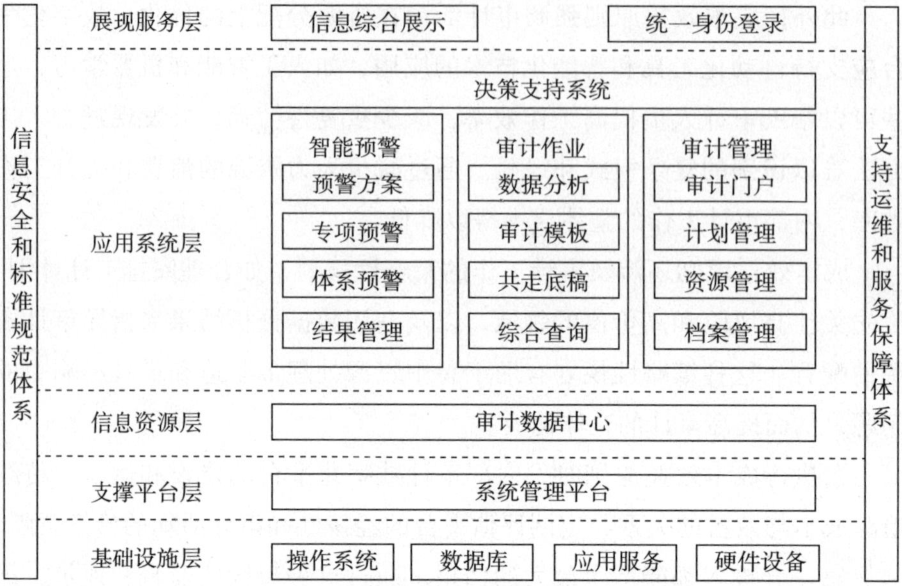

图 4-4　内部审计数字化平台的总体架构

一、基础设施层

基础设施层是内部审计数字化平台总体架构的基础层，不仅为内部审计平台提供了稳定可靠的运行环境，还通过一系列的服务和管理工具，确保了数据的安全和系统的高效运行。同时，基础设施层的设计和配置直接影响审计平台的性能和可用性，是构建高效、安全和可靠的内部审计数字化平台的基础。

具体来说，基础设施层包含以下几个关键组成部分。

（一）操作系统

操作系统是基础设施层的核心组成部分，为内部审计数字化平台提供基本的系统服务，是运行应用程序和服务的基础环境。它负责管理硬件资源，包括处理器、内存、存储和网络资源，并为数据库、应用服务和硬件设备创设统一、稳定和高效的运行环境。操作系统性能直接影响审计平台的运行效率。通过高效的资源调度和管理，操作系统可确保审计任务的顺利进行和数据的准确处理。同时，操作系统具备基本的安全机制，包括用户身份验证、权限管理和系统审计，可保证审计数据的安全和完整性。此外，操作系统的日志管理和错误检测机制，为审计平台的运维和故障排除提供了有力的支持。在选择操作系统时，需要考虑其对审计应用和数据处理的支持程度，以及其安全性、稳定性和可维护性。为了满足内部审计数字化平台的特定需求，可能需要选择具有高安全性和高稳定性的操作系统，也可定制操作系统，以满足特定的审计需求和数据处理要求。通过优化操作系统的配置和参数，可以进一步提高审计平台的运行效率和系统性能，为内部审计的数字化转型提供坚实的基础。

（二）数据库

数据库在基础设施层中占据重要的位置，为内部审计数字化平台提供数据存储、管理和检索服务。它是审计数据的核心仓库，支持数据的集中管理和高效访问。通过数据库管理系统（DBMS），审计人员可以方便地存储、查询和分析大量的审计数据，同时保证数据的完整性、一致性和安全性。数据库的设计和优化对审计平台的性能和数据处理能力有着直接的影响。一个设计良好的数据库可以简化数据管理，提高数据访问速度，支持复杂的数据分析和报告功能。在选择数据库时，需要考虑其对大数据和复杂查询的支持程度，以及其稳定性、可扩展性。为了满足内部审计的特定需求，可能需要选择高可用性和高安全性数据库系统。通过合理的数据库设计、高效的数据索引和优化的查询策略，可以进一步提高审计平台的数据处理能力和系统性能，为内部审计的数字化和智能化提供强有力的数据支持。

（三）应用服务

1. 网络服务

网络服务支持内部审计数字化平台中的数据传输和通信，包括网络协议、网络连接服务和网络安全服务等。通过网络服务，内部审计数字化平台可以实现数据的高速传输、远程访问和多点协作，为审计人员提供便捷、高效的数据交换和通信环境。同时，网络服务的安全机制，如防火墙和入侵检测系统，可以保护审计数据不受未授权访问和攻击，确保网络的安全和稳定运行。

2. 系统软件服务

系统软件服务包括中间件、消息队列和其他支持软件，为内部审计应用和数据处理提供了必要的运行环境和服务。利用中间件可以实现不同系统和应用之间的通信和数据交换，简化数据的集成和处理流程。同时，系统软件服务为审计应用提供了高效、可靠的运行支持，可保证数据的准确处理和快速响应

3. 基础安全服务

基础安全服务为内部审计数字化平台提供了基本的安全保护和控制机制，包括身份验证、授权、加密等。通过基础安全服务，可以保护审计数据的安全，保障审计过程的合规性，并为审计人员提供安全、可信的操作环境。

4. 备份和恢复

备份和恢复服务负责保护审计数据的完整性和可恢复性。通过定期的数据备份和有效的恢复机制，可以在系统故障或数据丢失时，快速恢复审计数据和系统运行，确保审计工作的连续性和数据的安全。备份和恢复服务的设计和实施，对保障审计数字化平台的稳定运行和数据安全具有重要的意义。

（四）硬件设备

硬件设备为平台的运行提供必要的物理资源和计算支持，主要包括服务器、存储设备、网络设备和安全设备等。服务器为应用系统和数据库提供计算支持和运行环境，其性能、稳定性和安全性直接影响平台的运行效率和数据处理能力。存储设备，如硬盘、固态硬盘和网络附加存储等，为审计数据提供安全、可靠的存储空间，保证了数据的完整性和

可用性。网络设备，如交换机和路由器，负责数据传输和通信，为内部审计平台提供了高效、稳定的网络环境。安全设备，如防火墙和入侵检测系统，保护平台免受外部攻击和未授权访问，确保审计数据和系统的安全。硬件设备的配置和管理对审计平台的性能和安全具有直接的影响，需要根据审计任务的需求和数据处理的要求，选择适合的硬件设备和配置。同时，通过合理的硬件资源分配、高效的设备管理和严格的安全控制，可以进一步优化审计平台的运行效率和系统性能，为内部审计的数字化和智能化提供坚实的基础。

二、支撑平台层

支撑平台层提供内部审计软件开发与应用的端口，能够辅助企业实现软件全生命周期的集成、应用和管理。

系统管理平台是支撑平台层的核心，它对内部审计软件进行全生命周期管理，包括开发、测试、部署、运维和监控等。在软件开发阶段，系统管理平台提供了一套完整的开发工具，使开发人员能够高效地完成软件的编写和测试。在部署阶段，它提供了自动化的部署工具和流程，简化了软件的部署过程，确保软件能够快速、准确地在生产环境中投入使用。在运维阶段，系统管理平台的运维工具和服务为日常的系统维护和问题排查提供了强有力的支持，而实时的系统监控和报警功能，则使企业能够及时发现并解决系统运行中的问题。同时，系统管理平台提供了丰富的日志管理和分析工具，可帮助企业有效地跟踪和分析系统运行的状态和性能。通过系统管理平台，企业可以实现对审计软件的集中管理和监控，保证软件的高效运行和数据的安全。

三、信息资源层

信息资源层为审计工作提供必要的数据资源和信息支持。审计数据中心是信息资源层的核心，负责对各类审计数据进行整理、备份、存储和管理，确保数据的完整性、准确性和可用性，为企业提供了宝贵的数据资产。数据整理工作包括数据的清洗、分类和结构化处理，可确保数据的质量和准确性。备份和存储工作则确保了数据的安全和持久性，可避免数据丢失和破坏。管理工作包括数据的权限控制、版本管理和数据生命周期管理，保证了数据的合规使用和高效利用。通过审计数据中心，企业可以高效查询和分析审计数据。它提供了强大的数据查询工具和分析平台，支持多维度、多层次的数据查询和分析，为审计人员提供了深入挖掘数据的能力。同时，它也为审计结果的总结和利用提供了强有力的数据支持。通过对审计数据的分析和挖掘，企业可以得出有价值的审计结论，为企业的决策提供数据支持。审计数据中心也为审计知识的积累和审计经验的传承提供了平台，通过对历史审计数据的分析和总结，企业可以不断优化审计方法，提高审计效率，促进审计工作的持续改进和发展。

四、应用系统层

应用系统层是内部审计实施与运行的核心，包含与审计项目直接相关的智能预警、审计作业和审计管理和决策支持系统。

（一）智能预警系统

内部审计的智能预警系统与企业中的业务系统紧密相关，对企业运行中的重点业务进行实时、主动的监控。内部审计智能预警监控的对象可以是业务数据、内部控制执行、审批流程等，而借此可降低企业的运营风险。为了达到智能预警的目的，智能预警系统中通常设定预警方案、专项预警、体系预警和预警结果管理等多个功能模块。

1. 预警方案功能模块

预警方案功能模块主要负责警戒值的设立、智能预警的处理流程设定、智能预警的结果处理设定和封存相关的法律法规等。预警方案是根据企业具体的业务运行状况和数据分析确定的，它的设计和实施是为了及时发现可能的风险和异常，以便采取适当的措施防止或减少损失。当预警事项发生时，预警方案可提供明确的处理路径，可以通过消息通知或邮件的方式及时通知给审计人员或相关部门主管。这种通知机制确保了相关人员能够及时获知风险事件，从而及时做出响应。审计人员可以进一步借助系统定义好的经济指标，确定指标的数值范围、指标数据趋势、指标同比数和指标预算数据等，以便更为准确地评估风险的程度和可能的影响。

2. 专项预警功能模块

专项预警功能模块负责对特定的审计领域或重点科目进行监控，它的监督相对具体，通过分录的检查功能、账户的自主分析和数据的综合查询等方式，能够对企业业务运行中的重点科目进行细致的监控。例如，当发生余额方向异常、凭证冲销调整等可能触发预警的情况时，专项预警功能模块能够及时识别并触发预警，为审计人员提供准确的预警信息。此外，通过专项预警功能模块，审计人员能够更为方便和快捷地对特定的账户或交易进行分析和查询，提高了审计工作的效率和质量。

3. 体系预警功能模块

体系预警功能模块以企业运行的宏观角度为出发点，主要通过财务共享系统获取企业运行的整体信息，从政策、财务能力和战略发展等多角度进行总体的监控。与专项预警聚焦于特定审计领域或重点科目不同，体系预警旨在识别可能影响企业整体运行的重大风险和问题。它通过分析企业的财务数据和运营指标，以及与企业战略和政策相关的信息，帮助企业及时发现可能存在的战略偏差、财务风险或运营效率低下等问题。一旦发现异常或风险，体系预警功能模块将触发预警，通过系统通知或邮件等方式及时通知审计人员或管理层。这种宏观层面的预警机制有助于企业及时调整战略和运营方案，以应对可能的风险和挑战，确保企业的稳定运营和持续发展。

4. 预警结果管理功能模块

预警结果管理功能模块主要负责显示和传递内部审计风险，以通知或提醒相关人员予以注意或尽快处理。这一模块的设计旨在确保预警信息能够及时、准确地传达给需要知悉的人员，以便他们能够迅速采取适当的行动应对可能的风险或问题。此外，预警结果管理功能模块还能实现智能预警系统与审计作业和审计管理系统的连接，从而推动预警结果的应用，提高企业的审计效率和风险管理水平。通过这种集成，审计人员不仅能够及时了解预警信息，还能在审计作业和审计管理系统中直接处理和应用预警结果，从而提高审计工作的效率和质量。

（二）审计作业系统

内部审计的作业系统是审计程序实施的关键。如今内部审计的目标从检查财务报表的真实性、公允性向增加企业价值、风险管理的目标转变。内部审计作业系统建设中不仅仅要设计辅助审计人员取证的工具，还要增加数据分析、审计方案和审计取证方法引导工具。而且，审计作业系统中会增加与企业业务相关的各种分析模型，以应对各种审计项目和审计环境。内部审计为了实现智能化、自动化的目标，要嵌入数据分析、审计模板、工作底稿、综合查询等功能模块。

1. 数据分析功能模块

数据分析是智能化、自动化内部审计的重要环节。通过设定不同的指标分解模型，根据内部审计项目的目标，对处理过的被审计数据进行深入分析，可以发现数据中可能存在的问题和风险。这种基于数据的分析方法能够帮助审计人员更为准确、快速地识别出潜在的问题，为后续的审计工作提供有力的数据支持。

2. 审计模板功能模块

审计模板功能模块主要是将审计实施过程中需要的文档模板、法律法规模板、函证模板等嵌入审计作业之中。通过审计模板管理，可以促进内部审计文档管理的规范化和便捷化，提高审计工作的效率，同时保证审计工作的质量和标准化。模板的使用简化了文档的创建和编辑过程，使得审计人员能够专注于审计内容的分析和评估。

3. 工作底稿功能模块

工作底稿是专门对审计底稿进行管理的功能模块，包括工作底稿的增加和删除、导入和导出、底稿的编辑等功能。通过工作底稿管理模块，审计人员可以方便地管理和维护审计底稿，确保审计底稿的完整性、准确性和一致性。同时，这为审计人员提供了一个方便、高效的工具，可帮助他们更好地完成审计任务。

4. 综合查询功能模块

综合查询功能模块为审计人员提供了一个实时查询窗口，借此可以查询内部审计系统中的财务数据、业务数据等。通过综合查询，审计人员能够有针对性地获取部分科目的信息，为审计分析和决策提供便利。这种实时、针对性的查询功能不仅提高了审计工作的效率，也为审计人员提供了一个快速、准确获取信息的渠道，有助于提高审计的质量和效果。

（三）审计管理系统

为了遵守内部审计系统建设的易操作性原则，进一步满足内部审计的科学管理的要求，提升内部审计的质量，应当在内部审计平台中增加内部审计管理系统。内部审计管理系统主要包括以下功能模块。

1. 审计门户功能模块

审计门户功能模块作为整个内部审计平台的重要组成部分，起到了桥梁和纽带的作用，有助于内部审计平台与外部的有效沟通。通过审计门户模块，相关人员可以实时查看审计进度，了解审计的最新动态和进展情况。同时，审计门户模块还具备通知和公示内部审计结果的功能，使得内部审计的结果能够得到及时、准确的传递和反馈，提高了内部审计的透明度和公信力。此外，审计门户模块还能共享内部审计的新闻和相关信息，为审计人员和被审计单位提供了一个共享信息、交流经验的平台，有助于提高审计工作的质量和效率。

2. 计划管理功能模块

计划管理功能模块主要从审计计划阶段进行内部审计质量监管，包括审计项目计划编制、计划审批、计划通过、计划上报到计划调整等多个环节，旨在实现审计风险的有效防范。通过对审计计划的严格管理和监控，可确保审计工作能够按照既定的计划和标准顺利进行。同时，计划管理功能模块为审计人员提供了一个有效的工具，可帮助他们更好地了解和掌握审计计划的整体框架和执行进度，为后续的审计工作提供重要的基础和支持。

3. 资源管理功能模块

资源管理功能模块主要进行审计机构、审计人才、审计法律法规和审计案例资源整合。通过分类管理和科学规划，此模块为内部审计流程提供了匹配的资源，并在系统中实现了全面的调度，促进了资源共享。这种资源管理方法不仅有助于提高审计资源的利用效率，还为审计人员提供了一个快速、准确获取审计资源的渠道。同时，通过系统的资源共享和调度功能，审计人员可以更好地协调审计资源，确保审计工作的顺利进行。

4. 档案管理功能模块

档案管理功能模块主要对审计过程中的电子档案进行集中管理。它主要通过以下两方面实现相应功能：一是在审计流程中规范审计档案的编制、借阅和导出行为，按照审计准则促成审计文档存储规范。二是在审计项目结束之后，建立完善的审计档案目录和审计档案关联索引机制，在严格的档案管理权限下方便审计项目查询和文档调阅工作。通过档案管理功能模块，审计人员可以有效地管理和维护审计档案，确保审计档案的完整性、准确性和可追溯性，为审计工作提供重要的信息支持和法律保障。

（四）决策支持系统

决策支持系统在应用系统层中占据重要的位置，它为内部审计决策提供了有力的支持。决策支持系统能够整合和分析不同来源的审计数据，通过数据分析、模型建立和模拟预测等技术，为审计人员提供准确、及时的信息，帮助他们做出更为明智的决策。首先，决策支持系统能够通过数据仓库和数据挖掘技术，整合企业内外的各种审计数据，为审计分析提供数据支持。其次，它提供了多种数据分析工具和模型，如统计分析、趋势分析和预测模型等，使审计人员能够从多维度、多角度对审计数据进行深入分析。再次，决策支持系统能够根据审计分析的结果，生成直观的分析报告和图表，使审计人员能够快速、清晰地理解审计数据的含义和价值。它还能发挥模拟和预测功能，帮助审计人员评估不同决策方案可能产生的影响和结果。此外，决策支持系统基于实时监控和预警功能，能够及时发现和提醒审计风险和异常，为审计风险的及时发现和处理提供有力保障。最后，决策支持系统通过与智能预警系统、审计作业系统和审计管理系统的紧密集成，为审计人员提供了一个全面、协同的审计决策环境，大大提高了审计决策的效率和质量，为企业的内部审计工作提供了强有力的技术支持和服务。

五、展现服务层

展现服务层主要作为审计作业与审计人员交流的窗口，为审计人员提供了一个交互的平台。第一，展现服务层负责审计人员的身份认证，确保只有被授权的审计人员能够访问和操作相关的审计数据和信息，从而保证审计数据的安全性和准确性。身份认证的过程通过多重验证机制，确保了审计人员的身份真实性和审计数据的安全性。第二，展现服务层负责审计结果和审计信息的综合展示。它能够以图表、报告和仪表盘等形式，直观、清晰地展示审计结果和审计分析信息，帮助审计人员和管理层快速理解审计的重要发现和结论。展现服务层的综合展示功能，使得审计人员能够从多维度、多角度对审计结果进行解读和分析，为审计决策提供有力支持。第三，展现服务层助力审计信息交流。它提供了多种交流工具和平台，如论坛、聊天室和协作平台等，支持审计人员之间的交流和协作，使他们能够及时分享审计经验和审计发现，提高审计工作的效率和质量。通过展现服务层，内部审计数字化平台能够为审计人员提供一个交互友好、功能强大的审计工作环境，为企业的内部审计和风险管理提供有力的技术支持和服务。

第五章　企业内部审计技术与方法创新

在企业数字化的背景下，智能技术，如区块链、云计算和可视化分析技术得到了广泛推广，这些技术也为内部审计方法创新带来了新的可能。本章将探讨基于区块链技术的内部审计、基于云计算技术的协同审计和基于大数据技术的内部审计。

第一节　基于区块链技术的内部审计

一、区块链的概念与类型

（一）区块链的概念

狭义上来说，区块链是一种按照时间顺序将数据区块以链条的方式组合成特定数据结构，并通过密码学方式保证数据不可篡改和不可伪造的去中心化的互联网公开账本。广义上来说，区块链是利用链式数据区块结构验证和存储数据，利用分布式的共识机制和数学算法集体生成和更新数据，利用密码学保证数据的传输和使用安全，利用自动化脚本代码（智能合约）来编程和操作数据的一种全新的去中心化的基础架构与分布式计算范式。区块链是分布式存储、共识机制、点对点通信、加密算法等计算机技术在互联网时代的创新应用模式，区块链数据由所有节点共同维护，每个节点都能获得一份完整记录的副本，可以在无中心服务器网络节点的弱信任环境下，通过共识机制建立一套完善的信任机制，确保网络中各节点数据公开透明、可追溯和不可篡改。

（二）区块链的类型

区块链目前分为公有区块链、行业区块链的和私有区块链三类。

1. 公有区块链

公有区块链（Public Blockchain）是一种完全开放、去中心化的区块链模式，它允许任何人在任何时间加入或离开网络。公有区块链的数据对所有人开放，任何人都可以参与到网络的维护和验证中来，如比特币和以太坊等都是公有区块链的典型代表。公有区块链通常使用工作量证明（proof of work, PoW）或权益证明（proof of stake, PoS）等共识机制来保证网络中的数据不被篡改，同时确保网络的开放性和透明性。公有区块链的优势在于其开放和透明特性，任何人都可以检查区块链上的数据，验证交易的合法性，但其也存在一定的缺点，如隐私保护较弱，交易速度较慢，能耗较高等。公有区块链适用于那些需要高度透明、无须权限控制和高度信任的应用场景，它为创建去中心化的应用（DApps）和实现数字货币等提供了基础设施。在公有区块链中，每个参与者都在同等的地位，没有中心机构的控制和干预，这种特点使得公有区块链成为推动去中心化和促进开放透明的重要技术。通过公有区块链，可以实现资产和数据的去中心化交易和管理，推动经济和社会的开放与共享。

2. 行业区块链

行业区块链（consortium blockchain）是介于公有区块链和私有区块链之间的一种区块链模式，它主要适用于特定行业或业务场景。在行业区块链中，网络的维护和验证权限通常由行业内的多个组织共同持有，这些组织一起组成一个联盟或协会，共同负责区块链网络的运营和管理。

与公有区块链不同，行业区块链的参与者是有限且已知的，通常需要经过权限验证才能加入网络。行业区块链结合了公有区块链的透明度和私有区块链的权限控制，既保证了数据的安全性，又满足了特定行业的透明度和合规要求。

行业区块链的主要应用场景包括供应链管理、金融交易清算、医疗数据共享等，它能够帮助行业内的组织实现数据的快速共享、验证和交易，提高业务效率，降低运营成本。通过建立行业区块链，行业内的组织可以实现业务流程的标准化和数据的统一管理，为行业的发展和创新提供有力的技术支持。同时，行业区块链的存在也有助于推动行业标准的制定和执行，增强行业内组织之间的信任和合作，为实现行业的数字化和智能化提供了重要的基础设施。行业区块链以其适中的开放度和高效的协作能力，成为推动行业创新和协同发展的重要技术选择。

3. 私有区块链

私有区块链（private blockchain）是一种受限的、中心化管理的区块链模式，其网络参与和数据访问权限严格受控，通常只有一个或少数几个组织具有权限操作和维护网络。与公有区块链和行业区块链不同，私有区块链的所有权和控制权集中在一个组织或少数几个组织手中，其他的参与者只能在获得授权的情况下访问或操作区块链数据。

私有区块链通常应用于企业内部或者企业与其密切合作伙伴之间的业务场景，如企业的财务管理、供应链协同、合同管理等领域。通过私有区块链，企业可以实现数据的安全存储和高效传输，同时保证数据的完整性和不可篡改性。私有区块链的存在降低了数据泄露和篡改的风险，提高了业务处理的效率和安全性。

私有区块链的优势在于其高度的安全性和效率，可以定制化地满足企业的特定需求和规则。但同时，私有区块链的中心化特点也降低了其透明度和公信力，可能不适合那些需要高度透明和公开验证的应用场景。

二、区块链审计的技术基础

区块链技术作为一种底层应用技术和信息创新技术，在许多领域得以运用，其中包括审计领域，区块链技术给审计带来了重大影响。“区块链＋审计”称为区块链审计，其应用和发展有助于根本性改善和解决传统审计无法解决的问题。区块链审计技术包括分布式技术、组网技术、传输技术、共识技术、共享技术、时间戳、算法技术、诚信技术和安全技术等。下面主要探讨分布式技术、共识技术、时间戳和智能合约技术在审计领域的应用。

（一）去中心化的分布式账本

去中心化的分布式账本是区块链技术的核心特点之一，它通过网络中的多个节点共同维护和验证数据，确保数据的完整性和安全性。在此技术基础上，当某个节点发起信息时，全网的节点会对该信息进行验证，一旦验证通过，该信息就会被赋予一个时间戳并形成一个新的区块。每个区块的数据都具有唯一性和一致性，而且所有的区块按照产生的顺序相互链接，形成了一个不断增长的链条。这种结构设计使得对单个区块的攻击或篡改不会影响整个区块链账本数据的完整性和安全性。由于区块链的分布式特性，任意节点都可以获取完整可靠的数据，大大降低了过去单一从中心数据库提取数据的风险。这种去中心化的分布式账本提高了内部审计的透明度，使得内部审计数据的可靠性和真实性显著提升。

（二）不可篡改的网络共识机制

不同于传统的治理共识和市场共识，不可篡改的网络共识具有一定的主观性且没有强制性，区块链的共识机制更侧重于机器共识。在区块链网络中，当某一信息或交易被发起时，需要全网的节点进行验证和确认，只有得到多数节点的确认，该信息或交易才能被记录到区块链上，形成不可篡改的记录。这种机制确保了信息和数据的真实性、可靠性和可溯源性。由于篡改信息需要获得多数数据节点的确认，而基于利益冲突和技术特性，多数节点不可能同意对已经确认的信息进行篡改。即便有多数节点共同舞弊，篡改的成本也会大于收益，从而消除篡改的动力和意义。区块链审计数据具有很高的共识性，是完全值得信任的。这种不可篡改的网络共识机制不仅确保了审计处理的高效率，还显著提高了审计的实时性、可靠性和真实性，大幅度提升了审计质量。通过应用区块链的共识机制，企业内部审计工作的透明度和准确度将显著，也可为企业的合规管理和风险控制提供有力的技术支持。

（三）信息可溯源的时间戳

在区块链中，每一个区块都具有一个唯一的时间戳，这个时间戳记录了区块创建的具体时间。区块链是一个时间序列的链式结构的账本，其中每个区块都包括区块头和记录。时间戳标明了每个区块的生成时间，但随着时间的推移，修改区块记录变得越来越困难。若要对一个区块进行修改，需要得到网络中多数节点的同意。一旦修改了区块的记录，就必须修改区块头，而且要修改下一个区块的区块头，因为下一个区块头包含了上一个区块头的哈希值。这种设计使得任何区块记录修改都变得很困难，大大提高了数据的安全性和不可篡改性。时间戳的存在使得区块链上的每条数据都可以溯源，而且其唯一性和可靠性有助于提高审计证据的可靠性，增强审计证据的可溯源性。在内部审计过程中，信息可溯源的时间戳为审计人员提供了可靠的审计证据，使得审计人员能够准确、高效地分析和验证审计数据，从而确保审计工作的质量和效果。这种基于时间戳的信息可溯源机制为内部审计的创新和发展提供了有力的技术支持，是推动内部审计向数字化、智能化发展的重要技术基础。

（四）可编程的智能合约

智能合约具有编程功能，可以在系统中设置规则和算法，一旦触发条件，系统将自动执行业务。编程时可根据不同的应用场景设置不同的执行程序，编程技术是业务技术创新的源泉。区块链的智能合约有助于审计智能处理。审计的实时自动处理就是区块链的重要应用场景。

总的来说，区块链的分布式记账、共识机制和时间戳可提高被审计单位数据的完整性、真实性和可靠性，区块链可编程的智能合约提高了审计的智能化程度。区块链技术有助于提升审计效率和质量，降低审计成本和风险。区块链审计不是审计内容的创新，也没有改变审计的本质，而是审计方法和技术的创新，这也是审计环境的变化和审计供需矛盾所驱动的创新。区块链审计缓解了审计风险带来的矛盾，满足了报告需求者对信息质量的要求，提高了社会信用程度。

三、基于区块链技术的内部审计特点

（一）实时审计

区块链技术的应用推动了实时审计的实现，为审计的动态化、规范化和智能化发展提供了有力的技术支持。通过智能合约，审计与业务可以同步进行，使审计流程程序化和规范化，减少人为判断失误，降低审计风险和监督成本。智能合约的可编程功能有助于实现业务实时跟踪，做到事前、事中和事后全方位全过程审计，实时验证业务的真实性，及时发现风险并发出预警。区块链的隐私保护和共识机制允许审计系统灵活接入被审计单位系统，不影响被审计单位的正常经营，同时保护客户的数据安全。当区块链技术嵌入审计过程中后，审计人员能够实时获取被审计单位的经营信息，包括财务信息和非财务信息，能够甄别出有价值的信息，有利于审计证据和线索的发现，克服过去依赖抽样调查的审计风险。通过区块链浏览器和区块链日志，审计人员可以实时获得单位的业财信息和数据，实时出具个性化的审计报告，颠覆过去仅能进行事后审计和事后出报告的模式。区块链技术为实时审计提供了可靠的技术基础，推动了审计工作的现代化和智能化进程。

（二）全面审计

全面审计是指审计过程能够覆盖被审计单位的所有业务活动和财务信息，确保审计结果的准确性和完整性。区块链技术有助于对被审计单位的财务信息和非财务信息进行全面跟踪和记录，包括资产、收入、费用等各个方面，也有利于克服传统审计中抽样审计的局限，提高审计的覆盖面和深度，实现全面审计目标。

（三）跨组织审计

基于区块链的跨组织审计为解决传统审计中的一些核心缺陷提供了有效的解决方案。传统的审计模式中，数据采集过度依赖被审计单位的数据库，数据传输环节容易出现失真情况，数据分析需要较高的技术，同时数据的储存和安全面临挑战。区块链技术的引入，为跨组织审计提供了新的可能。

1. 远程审计的实现

通过互联网和区块链技术，审计人员可以远程获取被审计单位的信息和数据，并进行分析和监督。审计流程包括联网组建、采集和分析数据、实施审计程序以及风险预警。

2. 区块链的联网组建

联网组建包括私有链、公有链和联盟链三类。私有链主要用于数据和信息的存储，没有验证审核的功能；公有链则允许每个节点发出交易信息，全网验证且有平等权利记账，使得区块链下的各个企业能够有机地联结起来，审计人员可以跨组织实施审计流程；联盟链则允许协议内的节点进行记账和验证，而协议外的节点只能访问，无权记账和验证。针对跨组织审计，主要是建立区块链的“联盟链”。

3. 数据的流通和验证

区块链技术使得不同主体之间的信息流、业务流和资金流可以整合成一个有机的链式数据库。审计数据可以无缝传递，确保了数据审计流程的完整性，而且数据本身还可以进行跨组织验证。这不仅有助于审计行业的协同发展，降低了行业的风险，还打破了跨组织的信息壁垒，实现了多维数据的跨组织审计。

通过区块链技术的应用，跨组织审计实现了异地联合审计和审计机构数据共享。同时，这种非线性的数据动态过程，颠覆了传统的单一对象的审计方法，利用数据的关联性在海量数据的采集和分析中发现价值，为审计行业的发展提供了新的方向和可能。

（四）自动审计

区块链的分布式特性使得数据在产生时就可得到验证和记录，从而为自动审计提供实时、可靠的数据基础。智能合约技术进一步推动了自动审计的实现，它允许审计人员预先设定审计规则和条件，一旦满足特定条件，智能合约就会自动触发审计程序，实时发现和预警可能的风险，确保审计的及时性和有效性。

（五）溯源审计

溯源审计是基于区块链技术的一种新型审计方式。区块链作为一个时间序列的链式结构账本，其内部的区块相互链接，每个区块都包含了一个时间戳，确保了区块链数据的可溯源性。任何对单个区块信息的篡改将导致系列区块的修改，从技术通道和利益机制来看，这种修改是不可行的。这种特性为区块链审计提供了数据真实性和完整性的保障，使得审计人员能在海量的数据中准确地发现风险和价值。

区块链技术增强了审计数据采集、传输和储存的可信度。在数据采集方面，规范设计、分析模型和信息验证得到了加强。通过数据集成和转换等预处理方法以及数据特征分析，可构建区块链数据采集模式，构建区块头和区块体，以确保满足审计的要求。在数据储存方面，每个区块中只记录数据哈希值和数据操作行为，以展示数据使用轨迹，确保数据的完整跟踪。区块链的共识机制可防止数据篡改，利用共识算法对每笔交易进行全网多数节点确认，从而保障数据的真实性。

区块链记录的数据操作信息与储存的实际操作一一对应，一个记录操作对应一个操作请求信息和一个操作执行信息，这保证了数据传输的一致性。时间戳确保了审计信息的可溯源性，为验证信息提供了技术路径。拥有相关密钥和权限的审计人员可以实时查验交易信息。利用数据的可追溯性，审计人员能够获取最原始的审计证据，精准识别交易的潜在风险和违规违法行为，为企业经营管理提供有力的保障。这种基于区块链技术的溯源审计，彻底改变了传统审计方式，提升了审计效率和准确性，为现代企业的审计工作提供了新的可能和方向。

四、基于区块链技术的内部审计数据安全框架构建

在对已有研究进行梳理和借鉴的基础上，可以区块链技术架构为基础，构建一个基于区块链技术的内部审计数据安全框架，以实现数据的安全存储、加密共享以及数据合规性的实时监控，如图 5-1 所示。

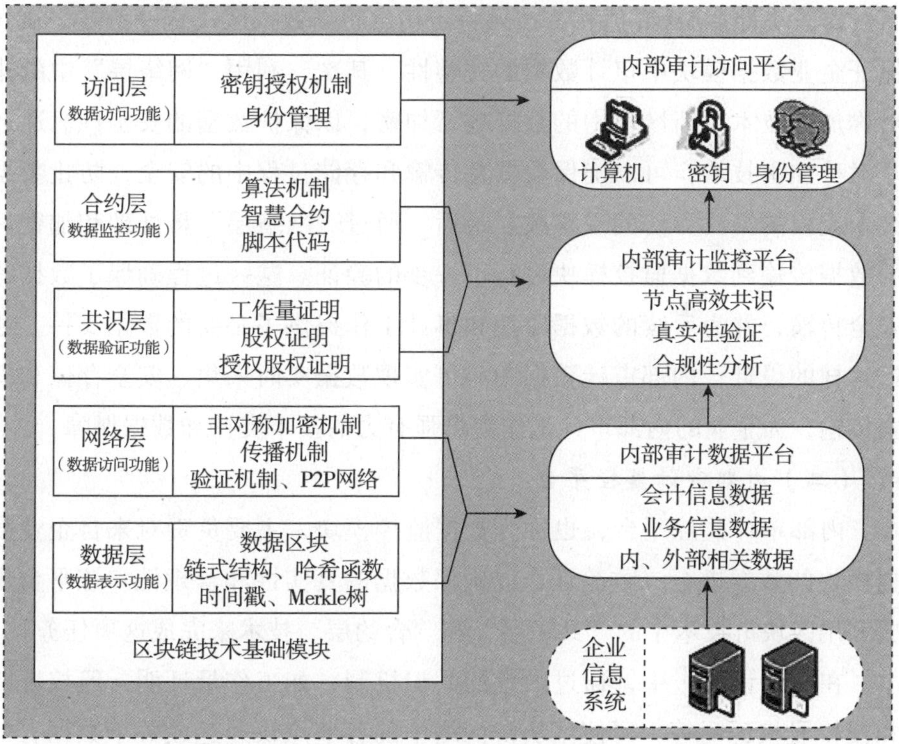

图 5-1　基于区块链技术的内部审计数据安全框架

（一）内部审计数据中心

内部审计数据中心，也称为企业数据模块，该模块以区块链技术中的“数据层”和“网络层”作为技术基底，通过嵌入式数据接口与企业内各部门的信息系统相连，以实时自动获取企业的原始信息数据，包括企业的会计信息数据、业务信息数据以及内外部相关数据。

首先，企业内的各部门信息系统通过嵌入式数据接口实时上传业务数据和财务数据等到企业数据模块中进行存储。接着，利用“数据层”中的技术和算法，如时间戳技术和 Hash 函数，对收集到的数据进行处理。例如，通过随机 Hash 值算法为新数据区块加盖相应的时间标记，为新数据区块计算 Hash 值，并按照特定信息将新数据区块统一上链，从而保证企业数据模块中审计数据的完整性。其次，利用“网络层”中的非对称加密技术对新区块中的数据进行加密，以保护数据的安全性。通过非对称加密技术，可以确保数据在传输和存储过程中的安全，防止数据被未授权的第三方访问或篡改。最后，通过“网络层”将处理和加密后的数据传输到数据监控模块进行下一步的验证。这一过程确保了数据的安全传输，并为后续的数据监控和审计工作提供了必要的数据支持。通过这样的设计，内部审计数据中心可实现数据实时采集、安全存储和安全传输，为企业的内部审计工作提供强有力的技术支持和数据保障。

（二）内部审计监控平台

内部审计监控平台，也称为数据监控模块，主要负责对来自企业数据模块的数据进行二重验证，以确保数据的真实性和合规性。该平台主要利用区块链技术中的“共识层”和“合约层”技术来完成这项任务。

在“共识层”中，通过内置的共识机制，如工作量证明、股权证明和授权股权证明等，可使区块链网络中的各节点快速达成关于数据有效性和真实性的共识。这种共识机制确保了数据的真实性，为后续的合规性验证提供了基础。在“合约层”中，主要通过智能合约技术来进行数据合规性分析。智能合约机制能够将相关的会计具体准则、业务规则、数据规范和风险监控逻辑转换成计算机可执行的代码形式。通过编写具有特定逻辑的智能合约，可以根据预设的规则对从企业数据模块传输过来的数据进行合规性验证。智能合约可以自动执行相对应的事件代码，基于验证结果自动触发特定的操作或事件，并自动记录和输出审计线索。这种自动化的验证和执行过程大大提高了审计的效率和准确性。

（三）内部审计访问平台

内部审计访问平台，也称审计访问模块。通过该模块，内部审计人员能够使用计算机等设备，利用专属数字身份密钥登录区块链应用平台，以浏览企业各部门的数据和内部审计监控平台集成的审计线索，从而进行风险评估和其他审计工作。该模块利用非对称密钥机制来管理用户身份和访问权限，即通过“公钥加密、私钥解密”的公开密钥算法，为企业内不同部门的用户和内部审计人员配置相应权限的密钥。在分配权限的基础上，内部审计人员可以访问企业数据模块，浏览相关信息，并通过数据接口下载或使用所需的数据以开展审计工作。这种设置确保了数据的安全性和完整性，也为审计人员提供了所需的数据和信息，使他们能够有效地执行自身职责。

由于数据隐私一直是一个重要的问题，审计访问模块采用密钥授权机制和椭圆曲线算法来管理和验证用户的数字身份。通过数字身份管理，各种用户可以用私钥注册数字身份、验证身份，并在许可的权限范围内上传和访问数据。这种数字身份管理和验证实现了实名制，可有效地将恶意第三方排除在区块链网络之外，从而充分保障企业数据隐私。

第二节　基于云计算技术的协同审计

一、云计算概述

（一）云计算的概念

云计算的定义目前主要有以下几种。

（1）“云计算”是基于互联网的相关服务增加、使用和交付模式，主要通过互联网来提供动态、易扩展且经常虚拟化的资源。

（2）云计算是一种按使用量付费的模式，这种模式提供可用的、便捷的、按需的网络访问，而进入可配置的计算资源共享池（资源包括网络、服务器、存储、应用软件、服务等），这些资源能够被快速提供，只需进行很少的管理工作，或与服务供应商进行很少的交互。①

从以上定义可以看出，云计算的核心思想是对大量用网络连接的计算资源统一管理和调度，构成一个计算资源池，为用户提供所需服务。提供资源的网络被称为“云”。狭义的云计算指 IT 基础设施的交付和使用模式，指通过网络以按需、易扩展的方式获得所需资源。广义的云计算是服务的交付和使用模式，指通过网络以按需、易扩展的方式获得所需服务。这种服务目前主要包括三个层次：基础设施即服务（IaaS），平台即服务（PaaS）和软件即服务（SaaS）。云计算服务通常提供通用的通过浏览器访问的在线商业应用，软件和数据可存储在数据中心。

① 秦荣生．现代内部审计学[M]．上海：立信会计出版社，2017：313.

（1）云基础设施即服务（IaaS）。云基础设施即服务这个阵营中的公司负责提供基建，如存储设备、网络设备等，通过云计算操作系统，令移动计算的变革得以实现。

（2）云平台即服务（PaaS）。云平台即服务是一种部署在云基础设施之上的向客户提供开发语言和开发工具的能力，这个层次主要针对 IT 公司。

（3）云软件即服务（SaaS）。云软件即服务是使用者使用云软件，如现在有的手机上按流量收费的导航服务，并根据需要按流量付费使用。IT 产业开始从卖产品向卖服务转变。

（二）云计算的类型

按照是否公开发布服务，可将云计算分为公有云、私有云、混合云三类。

1. 公有云

公有云是一种云计算服务模型，其中第三方提供商提供计算资源和服务，并通过互联网对公众或多个组织开放。这种类型的云通常托管在供应商的数据中心，提供一组标准化的计算资源，而用户可以按需购买。公有云的主要优点包括成本效益、弹性和可扩展性。因为资源是在多个用户之间共享的，所以能实现规模经济，降低单个用户的成本。公有云通常适用于需要快速部署和扩展的场景，也适用于无须严格数据安全保障的应用。然而，由于资源是共享的，数据安全和合规性可能成为潜在问题。因此，公有云更适合用于非敏感、非关键性业务应用和开发测试环境。通过使用公有云，组织可以降低硬件和软件的前期投资与维护成本，同时受益于供应商提供的专业级别的运维服务。

2. 私有云

私有云是专为特定企业或组织设计的云计算环境，提供专用的计算资源和服务。与公有云不同，私有云通常托管在企业或组织自己的数据中心或者托管给第三方，但是不与其他企业或组织共享资源。私有云的主要优点是可保障更高级别的安全性和数据隐私，因为所有的计算资源都是内部使用，不通过公共网络传输。这使得私有云特别适用于需要严格遵守数据安全和合规性要求的组织。另外，由于不需要与其他用户共享资源，组织可以更灵活地自定义其资源和应用，以满足特定业务需求。私有云也更容易实现与现有 IT 基础设施的集成。然而，私有云的缺点包括较高的建设和维护成本，以及可能需要专门的内部团队来管理和维护这些系统。

3. 混合云

混合云是一种综合了公有云和私有云特点的云计算环境，允许数据和应用程序在两者之间自由流动和交互。这种模式提供了更多的部署选项，允许组织根据不同业务需求来选择最适合的云服务和配置。例如，敏感数据可以存储在私有云中以确保安全性和合规性，而不太敏感的数据和应用程序可以部署在成本更低、可扩展性更好的公有云中。这样，组织能够更灵活地管理资源，同时降低运营成本。混合云还有助于企业或组织实现数字化转型，因为它能更好地平衡性能、成本和安全性。这些优点让混合云成为各种行业的理想选择，特别是那些有多样化计算需求和对数据安全有特殊要求的组织。然而，混合云的管理和维护需要更高级别的专业知识，因为需要同时管理多个云环境，并确保不同平台之间数据的一致性。

（三）云计算的特点

1. 虚拟化

虚拟化是云计算的核心特性之一，它允许将物理资源，如服务器、网络设备和存储设备抽象化，并将它们分解成多个虚拟单元。这些虚拟单元可以更高效、灵活地被分配和管理，使得资源的利用率大大提高。通过虚拟化技术，云计算可以在同一台物理服务器上运行多个操作系统和应用程序，而每个系统和应用程序都拥有自己的硬件资源。虚拟化不仅仅局限于服务器虚拟化，还包括网络虚拟化和存储虚拟化等，它们共同构成了云计算环境的核心。虚拟化技术使得云服务提供商能够快速、灵活地为用户提供计算资源，同时降低硬件成本、能耗和维护成本。它也为资源的动态分配和实时监控提供了可能，使得云计算平台能够按需提供资源，满足用户的不同需求和变化的工作负载。在虚拟化的帮助下，云计算提供了一个高度灵活、可配置和可管理的计算环境，为用户带来了便利。

2. 高可靠性

高可靠性是云计算的核心特点，它保证了服务和数据的持续可用性及完整性，即便在面临硬件故障或网络中断等不可预见问题时也能保持运行。云计算平台通常通过数据中心的地理分布、数据的冗余存储、负载均衡和故障转移等技术来实现高可靠性。例如，当某个服务器或数据中心出现故障时，流量可以自动切换到其他正常运行的服务器或数据中心，确保服务的连续性。同时，云服务提供商通常会在多个地理位置存储用户数据的多个副本，以防数据丢失或损坏。负载均衡技术能够分配网络流量，确保每个服务器的负载都保持在合理范围内，避免单点过载导致服务中断。通过这些技术和架构设计，云计算保障了高度的可靠性和稳定性，使企业和个人用户能够信赖云服务，将重要数据和应用放心交给云计算平台管理。

3. 高可扩展性

高可扩展性是指云计算允许系统的处理能力根据需求进行动态调整。通过云计算，企业可以根据业务需求的变化快速扩展或缩减资源，如存储空间、计算能力和网络带宽等。这种弹性扩展的特性为企业节省了前期硬件投资和运维成本，同时保证系统在面对用户请求量剧增时仍能保持良好的响应速度和服务质量。例如，在线零售商可能会在促销期间面对很大的访问流量，而鉴于云计算的高可扩展性，他们可以临时增加服务器资源来进行应对，促销结束后再缩减资源以降低成本。此外，云计算的可扩展性也为企业的全球扩张提供了便利，企业可以根据不同地区的业务需求快速部署和调整云资源，支持其全球业务的发展。

4. 泛在接入

泛在接入能够确保用户在任何时间、任何地点，通过任何联网设备访问存储在云中的数据和应用。这一点对于全球分布的团队和远程工作环境具有特别的价值。通过互联网，用户可以轻易地获取文件、运行应用和执行各种任务，无须担心地理位置或时间限制。泛在接入还促进了多设备、多平台的整合，使得不同操作系统和硬件可以无缝协同工作。对于现代企业来说，这样的接入性不仅提高了工作效率，还增强了业务灵活性。例如，在紧急情况或突发事件中，员工可以迅速响应，无须身处办公室。同时，泛在接入有助于数据和资源共享，进一步加强团队合作和项目管理。这一特性逐渐成为企业数字转型和全球化战略的关键组成部分。

二、云协同审计的概念与特征

（一）云协同审计的概念

协同审计是指在网络互联的环境下，通过协同管理软件相互通信，共享各种各样的信息资源，使在不同地点的多位审计人员可以在一起工作，共同完成审计任务的一种工作方式。[①] 协同审计是在协同理论的基础上提出来的。因为审计的特点是多人合作完成一个项目，具有协同效应，进而提高审计的效率与效果。

云计算技术运用到内部审计过程中，产生了“云协同审计”（也称“云审计”）。云协同审计是在审计公共云平台，跨机关、跨部门整合资源，实现硬件资源、软件资源、信息共享，审计机关、审计人员通过协同管理、协同工作机制，协同审计分析、协同审计评价，共同完成审计任务的一种工作方式。

① 魏祥健．云计算下的云审计研究[M]．成都：西南交通大学出版社，2015：188.

（二）云协同审计的特征

在云审计过程中，利用第三方提供的云计算基础平台、数据和程序都在“云”中，审计项目小组成员可以在地理上非常分散，甚至不一定都来自同一个内部审计机构，所有的作业协同和数据共享通过云技术来实现。云审计不仅可以归集和管理审计所需的各类资料和数据，对容纳的数据实时更新和有机集合，还能够智能控制对审计模型的选择和使用，保证审计质量。因此，云审计不同于传统内部审计，有着传统内部审计方式所无法比拟的特征，具体如图 5-2 所示。

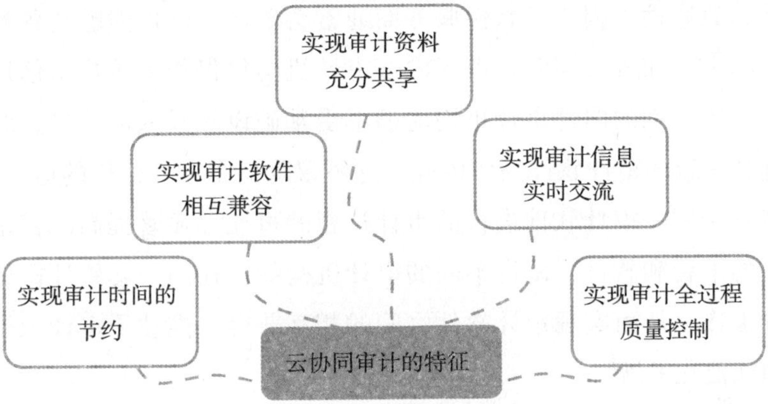

图 5-2　云协同审计的特征

1. 实现审计时间的节约

在传统审计过程中，由于被审计单位的信息系统往往缺乏专门的审计接口，内部审计人员不得不投入大量时间在数据采集和资料收集上，有时在收集和转换审计资料上花费的时间远超审计发现问题所用时间。但是，云协同审计的推行改变了这一局面。通过云计算技术，被审计单位的相关数据可以存储于“云”中，使得内部审计人员无须将数据导入自己的办公电脑，而直接在云平台上进行审计工作。云服务的利用，将许多原本需要在本地机上进行的计算任务推送到服务器端，再由服务器将这些计算任务分配到整个云网络的空闲计算资源。这样，计算任务能够得到迅速的处理，结果也能快速返回给本地计算机。通过这种方式，云协同审计显著节省了审计人员的等待时间，提高了审计工作的效率，使得审计人员能够将更多的时间和精力投入审计发现问题和审计分析上，从而顺利实现审计目标。

2. 实现审计软件相互兼容

在云审计的过程中，数据和程序的存储是在“云”中完成的，这使得审计程序的设计、维护和升级不再需要由各内部审计机构独自完成，而是可以完全交由专业的云软件服务商来进行。这种模式大大提升了审计软件的兼容性，因为云软件服务商通常会确保其软件能够与各种不同的系统和平台兼容。同时，由于内部审计机构仅仅作为用户来使用这些软件，不同级别的内部审计机构能够不受基础设施投入的限制，获得同样先进且一致的审计软件操作体验。这不仅降低了审计机构的运营成本，还使得基于同一审计软件进行的审计过程的可比性显著提高。云审计通过统一的平台和软件，使得不同的审计机构能够在同一套软件框架下进行审计工作，从而实现审计软件之间的相互兼容，推动了审计工作的标准化和规范化发展。

3. 实现审计资料充分共享

在云协同审计方式下，内部审计人员收集、采集和生成的各种审计数据和资料不再是分块存储在每位内部审计人员的个人设备中，而是统一分类存储在同一个资源平台上，即云审计平台。通过这种方式，内部审计人员能够在任何时间、任何地点通过云审计平台查阅审计组收集到的各项数据和资料，实现了审计资料的充分共享。这种共享不仅有助于提高审计工作的效率，还有助于避免重复劳动，因为内部审计人员可以很容易地了解到其他审计人员已经完成了哪些工作，收集了哪些数据，从而避免重复收集相同的数据或重复进行相同的审计测试。

4. 实现审计信息实时交流

在云协同审计环境中，实时通信和信息交流变得尤为重要。云技术的应用使得内部审计人员能够实时了解内部审计任务的进展情况，并根据实际情况调整审计重点和分配人员资源。通过云平台，审计人员能够及时了解领导者的工作思路和要求，确保审计工作的方向和目标与组织的期望保持一致。同时，如果在执行任务过程中遇到任何问题或困难，审计人员可以通过云平台及时向管理者反馈问题，寻求解决方案。此外，云协同审计平台还促进了审计人员之间的实时交流和协作，他们可以通过平台实时共享审计线索和方法，互相学习和交流经验。通过实时交流和信息分享，审计人员能够更好地协调工作，共同推进审计任务的完成。

5. 实现审计全过程质量控制

通过云审计平台，管理者能够实时、完整地了解每个内部审计人员的工作进展和质量，从而能够有针对性地进行指导和调整，确保审计工作的正确方向。实时监督功能使得管理者能够及时发现并纠正可能出现的问题，确保审计工作的质量和效率。同时，云审计平台也为审计人员提供了一个互相监督和学习的场所，让审计人员能够共享审计过程、方法和经验，从而提升团队整体的审计能力。云审计的实时监控和交流功能，不仅有助于增强管理者对审计过程的掌控能力，还可促进审计团队内部的互相监督和协作，从而实现审计全过程质量控制，提高审计工作的质量和效果。

三、云协同审计的建设路径

（一）制定云审计长远发展战略

制定云审计长远发展战略是为了确保内部审计行业能够顺利地利用云计算技术，提高审计效率和质量。这个战略应明确指出云审计在未来的发展方向、目标及实施具体步骤。首先，需要明确云审计的目标，即通过应用云计算技术来优化审计流程，提高审计数据的准确性和审计工作的效率。其次，应当分析当前内部审计行业的现状，包括现有的技术基础、人才结构以及存在的问题和挑战，从而明确云审计发展的重点和方向。接下来，应制订具体的实施计划，包括技术研发、人才培养和培训、基础设施建设等方面的具体措施，确保云审计顺利推进。此外，也应制定相应的监测和评估机制，以评估云审计实施效果和成果，为进一步优化和调整发展战略提供依据。在整个战略制定和实施过程中，还应充分考虑内外部环境的变化，以及可能出现的风险和问题，确保云审计的长远发展战略具有前瞻性、实效性和灵活性。

（二）建设云审计平台

企业内部审计机构要实施云审计，应建设云审计平台。基于传统的审计方式，各企业内部审计机构通常孤立地完成审计项目，审计数据一般局限于具体被审计对象所拥有的数据，在利用这些数据开展审计时，一般会遇到数据不完整、数据核实困难、数据关联性差、无法进行横向对比分析等问题。在云计算环境下，云审计平台依托系统云平台，统一管理和调度大量数字化的审计信息，不仅可以归集和管理内部审计所需的各类资料和数据，对容纳的数据实时更新和有机集合，还能够智能控制对审计模型的选择和使用，保证内部审计质量。此外，公共云审计平台有助于大幅度降低云服务用户购买和维护服务器设备及软件方面的开支，云服务商只需维护既定程序和软件，即可满足众多云服务用户的需求，从而降低全社会的平均审计成本。构建专业的、系统的云审计平台还可以避免目前现场审计携带笔记本电脑容易造成数据泄露的风险。

为满足企业内部审计机构云计算环境下信息化审计平台建设需要，云审计平台应是一个完整、全面的审计信息化网络，促进内部审计信息化。基于内部审计的特殊性，云审计平台只能由企业内部审计机构行业主管部门负责建设，并聘请独立第三方软件商进行技术开发和维护。企业各级内部审计机构均建有完善的信息系统和基础数据库，通过联网审计系统进行数据采集、审计。企业内部审计机构对下级内部审计机构直接发出业务指令，下级内部审计机构对上级内部审计机构直接进行工作汇报。根据云计算的 IaaS、PaaS、SaaS 有效管理信息资源服务模式，结合目前云审计平台应用的实际情况，云审计平台应由企业内部审计机构统一部署，以下一级内部审计机构为单位，构建 IaaS、PaaS、SaaS 相结合的，各级内部审计机构硬件资源、软件资源、服务共享的混合服务模式公共服务平台。

（三）建立云协同机制

1. 管理协同

企业内部审计机构通过协调各种管理程序、措施，提高管理效率，促进资源最优配置，具体包括业务管理协同、项目管理协同、信息管理协同。

（1）业务管理协同。基于云审计平台的协同效应，不同级别的内部审计机构能够实现审计管理一体化，共享公司文化建设、制度规范建设、业务政策和内部审计动态等核心资源和信息。这种协同有助于加强各审计机构间的信息交流，降低内部审计系统的交易成本，使得内部审计绩效最大化，从而推动内部审计系统整体绩效的提升。

（2）项目管理协同。项目管理协同主要是在多项目任务环境下，通过系统的资源调配和信息共享，实现项目的有序管理。内部审计机构能够通过协同治理实现审计目标，如权衡和协调不同项目，确保审计项目管理有序开展。项目协同内部审计模式强调通过实施审计行为，进一步实现审计功能，并建立协同治理审计机制，从而提高审计效率和质量。

（3）信息管理协同。信息管理协同主要是在内部审计治理过程中，通过有效的信息传递和交流，实现内部审计信息的有效共享。依托云审计平台，企业可以建立信息共享平台，促进内部审计信息共享，充分发挥内部审计的制约功能。通过云审计平台的协同效应，内部审计人员可以实时获取和共享审计相关的信息，提高审计工作的效率和质量，同时实现信息的准确传递，确保审计工作的准确性和有效性。

2. 资源协同

云审计平台 PaaS 层的资源管理系统负责整个资源池的管理和调度，

通过资源管理、资源监控、资源统计分析实现资源共享、按需分配、动态扩展、标准服务等。具体做法是：按平台部署多个用户，而资源协同管理平台根据各级内部审计机构和应用系统对不同资源的运用需求，将资源划分为不同的子集合，并在安全、网络等方面进行必要的物理或逻辑隔离，促成资源分区，不同资源分区间的资源可灵活调整。资源协同管理系统负责对各种内部审计资源进行部署操作、回收、监控统计分析，对资源池系统内部的各类物理设备进行运维管理。同时，其负责与资源池外部实体的交互以及资源池系统内部各资源系统之间的控制与交互，还负责用户的资源监控与虚拟机访问实现，及获得资源的合理利用，以提高资源利用率。

3. 业务协同

云计算环境下的内部审计业务协同是借助云审计平台以及云计算技术建立一个协同工作的环境，将分布在不同地点的内部审计人员召集起来，共同完成一项审计任务，以消除或减少项目组成员在时间和空间上相互分隔的障碍，节省内部审计成员的时间和精力，提高群体工作质量和效率。根据协同审计工作的特点，云审计平台要采用同步协同模式，各级内部审计机构终端用户的操作要更加注重响应时间的设定，从而保证群体操作的有序性。

业务协同审计的程序包括了几个主要步骤：第一是数据采集，即通过云审计平台集中采集需要审计的数据；第二是协同数据预处理和数据协同分析，即内部审计人员共同参与数据的预处理和分析，确保数据的准确性和完整性；第三是协同经验交流，即审计人员之间可以交换经验和见解，从而提高审计质量；第四是协同审计评价，且主要对审计过程和结果进行评价；第五是得出审计结论，将审计结果和建议反馈给相关部门和管理层。

（四）建立云审计标准

云审计标准是指实施云审计的基本准则和依据。制定权威的、公认的云审计标准，是促进云审计工作规范化、明确云审计责任、保证云审计质量的可靠保障。没有标准，云审计就难以规范健康地发展，难以推动内部审计一体化协同发展。目前，各国内部审计行业组织等正在积极着手云审计标准研究、制定工作。但是，云审计标准研究尚处于起步阶段，内部审计行业尚未形成相关标准。

笔者认为，可以从以下三个方面建立云审计标准。

1. 技术标准制定

云审计标准的制定需先关注技术层面，明确云审计的技术规范和要求，具体包括数据安全与加密标准、数据传输与存储标准、云平台与云服务的安全标准等。通过明确这些技术标准，可以为云协同审计提供一个安全、可靠和高效的技术基础。

2. 流程与方法标准制定

除了技术标准外，还应制定云协同审计流程和方法标准，具体包括审计数据采集、处理、分析和报告流程标准，以及云协同审计方法与技术指南。这些标准能够确保审计活动的规范化和标准化，同时为审计人员提供明确的操作指南。

3. 合规性与法律标准制定

云协同审计应遵守相关的法律和行业规定。因此，应制定与法律和行业规定相一致的云审计合规性和法律标准，明确云协同审计的法律责任、数据保护要求和合规性检查等。这样不仅能确保云协同审计的合法性，还能为企业和审计人员提供一个清晰的法律和规范框架。

（五）加强云审计模型和审计软件的研发

加强云审计模型和审计软件的研发是推动内部审计行业发展的重要措施。由于不同行业具有不同的审计需求和特点，需要开发适合各自特点的云审计模型和软件。云审计平台的核心价值在于能够提供有效的数据分析模型和系统化的审计软件，以解决实际的内部审计问题。为了实现这一目标，内部审计行业应加强与数据分析、地理学、生态学、数学、统计学、社会网络学和社会行为心理学等多领域专家的合作。通过这种跨领域的合作，可以确保云审计模型和软件的研发工作既具有针对性，又具有前瞻性和创新性。

云审计模型和审计软件的功能不应仅限于审计，其还应具备预测功能，将人工智能和数字算法应用于大数据分析，以预测未来的可能发展。这种预测功能可以帮助内部审计人员更好地理解和评估审计风险，提高审计工作的准确性和效率。随着云审计模型和软件的发展和应用，许多传统依赖内部审计职业判断的领域将会发生变化，审计决策将更多依赖数据分析和模型预测。这种转变将有助于减少审计判断中的偏见和误判，提高审计决策的科学性和客观性。

为实现以上目标，内部审计行业应明确云审计模型和软件研发的前端需求，加强与学术界和数据分析领域的合作，共同推动云审计模型和软件的研发工作。同时，应注重培养具有数据分析和云计算技术能力的内部审计人才，以保证云审计模型和软件研发工作的持续推进和发展。

（六）承担云审计责任

云审计过程使传统内部审计中的主客体二者关系变成了主体、客体和中间云审计平台服务商三者之间的关系。相应地，内部审计的具体责任也发生了变化。与传统内部审计相比，在云审计中，内部审计人员的数据信息来源于中间的第三方云审计平台服务商，所以与数据采集存储相关的问题也就不再由内部审计人员负责，增加了第三方云审计平台服务商的责任。同时，内部审计的主体由企业内部审计机构的审计项目小组成员变为来自企业各级内部审计机构的多名内部审计人员。在这种多方协同进行审计的过程中，各方的责任更应该明确。云审计中的责任主体较多，但各个主体不能因为审计方式的变更而减轻或者规避自身应当承担的责任。只有各个内部审计主体都承担了相应的审计责任，才能发挥云审计的优势。

云审计责任可以简单地理解为同一云审计过程中内部审计机构和内

部审计人员的总体责任。基于此原则，云审计责任包括负责牵头的企业内部审计机构的责任；参与云审计的其他各级内部审计机构对被审计单位和牵头企业内部审计机构的责任；云审计过程中所有参与审计的各级内部审计机构和内部审计人员对被审计单位的责任。由于云审计过程中允许不同的各级内部审计机构参与同一个审计项目，在多对一的审计模式下，信息交换、信息处理及报告比一对一的审计要相对公开、透明，特别是在风险充分博弈的条件下，参与审计的各级内部审计机构将最终承担与其所负责审计活动相对应的审计责任，以达到风险均衡。

第三节　基于大数据技术的内部审计

一、大数据的概念及特点

（一）大数据的概念

随着互联网、移动通信和物联网等信息化工具的普及，人们和机器之间、机器和机器之间产生了大量复杂的数据。这些数据庞大而复杂，因此利用传统的数据处理工具难以在合理的时间内完成相应撷取、管理、处理和存储操作。大数据不仅仅是指数据的规模，还指数据的复杂性。

大数据通常需要满足两个条件：首先，数据集必须是大型的，至少达到 100 TB 的规模，并且可以持续增长。许多现代企业都有 PB 级别的数据，并且这些数据以高速、实时的方式流动。其次，数据必须有多种来源，并且数据类型必须复杂。这些数据不仅仅包括传统的结构化数据，还包括非结构化和半结构化数据。而且需明确一点，仅仅是大量的结构化数据或数据量较小的非结构化数据，并不能完全代表大数据的全貌。

（二）大数据的特点

目前大家比较认同大数据的“4V”特征说法，即数据量（volume）大、数据类型（variety）多、处理速度（velocity）快和价值密度（value）低。

1. 数据量大

数据量大是大数据最显著的特征之一，这也是“大”数据名字的来源。在传统的数据处理系统中，数据通常量级相对较小，容易被存储和分析。然而，现代企业每天都会生成海量的数据，这些数据源自不同的渠道，包括但不限于社交媒体活动、客户交易、机器日志和传感器输出。海量数据为人们提供了前所未有的分析和挖掘数据的机会，使人们可以从中发现隐藏的模式、关联和趋势，从而获得有价值的信息和知识。但与此同时，这也对数据的存储、处理、分析、管理等提出了新的挑战。

2. 数据类型多

数据类型多样性是大数据另一个重要特征。在过去，数据大多是结构化的，储存在数据库的表中，易于查询和分析。这些数据通常由预定的模式或格式定义，如客户信息、销售交易等。但大数据打破了这一局限，引入了更丰富、更复杂的数据类型，包括半结构化和非结构化数据。半结构化数据，如 XML 文档或 JSON 对象，具有一定的组织结构但不如结构化数据规范。非结构化数据，如文本、图像和视频，需要更复杂的方法进行处理和分析。数据的多类型性使数据分析和数据挖掘更加复杂。

3. 处理速度快

处理速度快是大数据的另一个显著特点，这也是其与传统数据处理方式的一个重要区别。在今天的商业环境中，数据量的增长是指数级的，数据的生成和传输速度也随之提高。这就要求数据处理和分析的速度必须迅速以适应这种变化，特别是在需要实时决策的场合。例如，在金融交易、网络安全监控或者社交媒体舆情分析中，即时分析大规模数据并做出相应决策是至关重要的。高速数据处理也意味着企业能更快地从数据中提取有价值的信息，更快地做出决策，从而在竞争激烈的市场中占得先机。这种速度优势不仅得益于硬件的提升，还得益于并行计算、内存数据库和其他先进算法的应用。这些技术共同确保数据能够被迅速地存储、查询和分析，满足了现代商业运营的需求。

4. 价值密度低

尽管数据量大，但并非所有数据都含有对企业有用的信息或知识。这种现象通常被称为“数据富集但信息贫乏”，意味着在大量数据海洋中，对决策有直接影响的有价值数据可能仅占一小部分。因此，企业需要投入更多的时间和资源来进行数据清洗、预处理和分析，以便从中提炼出有用的信息。这也对数据分析工具和算法提出了更高的要求，不仅要求快速处理大量数据，还要求准确识别并提取有价值的数据。应用大数据进行商业决策时，需要利用高级的数据分析方法和技术，如机器学习、数据挖掘等，提高数据的价值密度，从而更有效地支持企业决策。

二、大数据审计技术的分类

（一）大数据智能分析技术

大数据智能分析技术主要依赖高性能处理算法和智能搜索与挖掘算法来分析海量的数据，以揭示其中隐藏的模式和信息。核心的技术包括机器学习和数据挖掘方法，它们能够自动地从数据中提取有用知识。在具体应用方面，其涵盖了 A/B 测试、关联规则分析、分类、聚类、遗传算法、神经网络、预测模型、模式识别、时间序列分析、回归分析、系统仿真、机器学习、优化、空间分析、社会网络分析和自然语言分析等多种方法。这些方法可以帮助审计人员更好地理解数据的特性，发现潜在的问题和风险。

大数据智能分析技术强调计算机的计算能力和人工智能的应用，它能够帮助处理和分析传统审计方法难以处理的大规模数据。尽管如此，目前这项技术在审计领域的应用仍然不够成熟，主要停留在理论研究的层面。随着技术的不断进步和审计需求的变化，预计未来会有更多的实际应用方法和案例出现，帮助审计人员更有效地完成审计任务，提高审计的准确性和效率。通过大数据智能分析技术，审计人员不仅可以更快速地处理和分析数据，还可以通过预测模型和机器学习算法，提前发现和预防可能的风险和问题，为企业和组织的决策提供有力的数据支持。

（二）大数据可视化分析技术

大数据可视化分析技术是一种以人为分析主体和需求主体的分析方法，它强调的是基于人机交互，符合人的认知规律的分析方式。它的目的是将人的认知能力融入数据分析过程中，利用视觉元素，如图表、图形和地图等来呈现数据，使得人们能更直观、更容易地理解和分析大数据。相比机器，人更擅长通过视觉和图像来理解复杂的信息和数据关系。

大数据可视化分析技术主要包括文本可视化技术、多维数据可视化技术、网络可视化技术和时空可视化技术等。文本可视化技术是将文本数据通过图形化的方式展现出来，帮助用户更好地理解文本数据的内容和结构。多维数据可视化技术是将多维数据通过图形化的方式展现出来，帮助用户发现数据之间的关系和模式。网络可视化技术主要用于展现网络数据和网络结构，而时空可视化技术则强调时间和空间数据的可视化展现。

大数据可视化分析技术是当前大数据审计应用领域比较成熟和主流的技术。通过可视化技术，审计人员能够更直观地看到数据的分布、趋势和异常，从而更有效地进行数据分析和审计评估。可视化分析不仅可以提高审计的效率，还可以提高审计结果的准确性和可信度，为审计决策提供有力的支持。通过图形化的展示，审计人员和决策者可以更直观地理解数据，更准确地做出决策。

（三）大数据多数据源综合分析技术

大数据多数据源综合分析技术主要是针对从不同行业和领域采集来的各类大数据，利用数据查询等常用方法或其他大数据处理技术，进行数据的综合对比和关联分析，以发现更多隐藏的审计线索。它是一种借助技术手段，对大量不同来源、不同类型的数据进行快速、准确分析的方法，有助于发现潜在的问题和风险，为审计决策提供有力的支持。

由于大数据环境下数据量很大，审计人员通常会采用 Oracle 数据库系统等，来进行大数据综合对比和关联分析。在大数据环境下，传统的审计数据分析方法，如账表分析、数据查询、统计分析、数值分析等仍然具有一定的应用价值。审计人员可以根据审计工作的实际需求，将传统分析方法与大数据技术结合在一起，对被审计的大数据中的特定部分进行深入分析。

大数据多数据源综合分析技术是目前大数据审计应用领域比较成熟和主流的技术之一。它不仅可以帮助审计人员快速、准确地分析大量复杂的数据，还有助于发现更多审计线索，提高审计的效率和准确性。同时，通过多数据源综合分析，审计人员可以更全面、更准确地理解被审计对象的实际情况，为审计决策提供有力的支持。

三、大数据审计可视化分析方法的实现

（一）散点图分析

散点图分析是一种常用的大数据可视化分析方法，它通过在二维坐标系中展示数据点，帮助用户发现变量之间的关系。每个点的位置由它所对应的两个变量的值决定。在大数据审计中，散点图可以帮助审计人员快速识别数据集中可能存在的趋势、聚类、离群点多变量。

1. 趋势分析

通过观察数据点在图中的分布情况，审计人员可以快速识别变量之间是否存在正相关或负相关趋势。如果数据点沿着一条直线或曲线排列，说明两个变量之间存在一定的相关性。

2. 聚类分析

散点图可以显示数据的聚类情况，帮助审计人员发现数据的分组或分类。通过识别不同的聚类，审计人员可以更好地理解数据的结构和特点。

3. 离群点检测

在散点图中，离群点通常会远离其他数据点。通过识别这些离群点，审计人员可以发现可能的异常值或错误，这对于发现潜在的审计问题非常有用。

4. 多变量分析

通过使用颜色、大小或形状等视觉元素，散点图可以展示三个或更多变量之间的关系。这使得散点图成为一种强大的多变量分析工具，能够帮助审计人员在多维度上分析数据。

在利用散点图进行数据分析时需关注一些注意事项，以确保分析的准确性和有效性：①清楚明了地标记轴标签和单位，以便读者能够理解每个轴代表的变量及其量度。②选择适当的尺度，以便能清晰地展示数据点之间的关系，避免过于拥挤或过于稀疏的点布局。③如果数据有多个维度，可以考虑使用颜色和大小元素对额外的维度进行编码，但要保持简单明了，避免过多的编码使图表变得混乱难懂。④如果数据点重叠较多，可适当调整点的透明度以便显示数据的分布密度。⑤添加趋势线，以更好地显示变量之间的关系，但也要注意趋势线只是对关系的简化表示，不应过分依赖。⑥避免过多的数据点，散点图适用于中等数量的数据点。如果数据点过多，可能会使图表变得难以解读。在这种情况下，可能需要考虑其他可视化方法或对数据进行适当的聚合。⑦在图表中显示必要的解释和注释，以帮助读者理解数据的关键点和结论。

（二）条形图分析

条形图分析是一种常见的数据可视化技术，它通过显示各类别的频数或比例来帮助理解和解释数据。在大数据审计中，条形图分析可以使审计人员快速识别和比较不同类别或时间段的数据。以下是条形图分析在大数据审计中的几种应用。

1. 类别比较

条形图可以清楚地展示不同类别的数据值，使审计人员能够快速比较和识别各类别的差异和趋势。例如，可以使用条形图来比较不同部门的支出或收入。

2. 时间序列分析

通过创建多个条形图，审计人员可以分析数据随时间的变化。每个条形图代表一个时间段，通过比较不同时间段的条形图，审计人员可以识别出可能的趋势或异常。

3. 频数分布

条形图是展示频数分布的有效方式，它可以帮助审计人员理解数据的分布特性。例如，通过分析条形图，审计人员可以识别出最常见的事项或异常频数分布。

4. 数据分割

条形图可以显示数据的细分情况，如用不同颜色的条形表示各子类别的数据。这使得审计人员能够深入了解数据的结构和组成。

5. 错误和异常检测

异常高或异常低的条形可能表明数据中的错误或异常，通过观察条形图，审计人员可以快速识别和定位可能的审计问题。

在利用条形图进行分析时，需重视一些注意事项，以确保准确且有效的数据解释和展示：一是要选择适当的尺度。条形图的尺度应当清晰、易于理解，避免引起误解，并有助于准确反映各类别之间的差异。二是要保持简洁。条形图应保持简洁明了，避免过多的颜色或图形元素分散观众的注意力或导致混淆。每个条目的标签应清晰、简洁，易于阅读。三是要按条目排序。为了提高可读性，通常建议按照某种逻辑顺序（如大小或字母顺序）对条目进行排序，以便观众快速识别和比较不同类别的数据。四是要标明单位和数据源。条形图应清楚地标明数据单位和数据来源，以确保准确解释和完整的信息传递。五是要避免 3D 效果。3D 效果可能会扭曲数据的表现，造成误解。通常推荐使用 2D 条形图，以清晰、准确地展示数据。六是要使用合适的颜色。颜色应该用于突出显示重要的信息或分类，而不是使图表看起来更吸引眼球。颜色的选择应考虑所有观众的需求，包括色盲者。七是要提供参考线或基准。如果可能，提供参考线或基准可以帮助观众更好地理解和评估数据。

（三）折线图分析

折线图是一种常见的数据可视化工具，通过连接数据点的直线，展示变量之间的关系，从而展示数据随时间的变化趋势。在大数据审计中，折线图分析可以帮助审计人员迅速理解和识别数据的模式和趋势，从而深入了解审计对象。

利用折线图分析时，首先，需要选择合适的时间间隔和粒度，以确保图形能够准确反映数据的真实情况。例如，可以选择按日、按周或按月展示数据。其次，选择要分析的变量和指标，如销售额、成本或利润率，然后将这些数据绘制在折线图上。此外，还可以通过比较多条折线来分析不同变量或不同时间段的数据之间的关系和差异。例如，通过比较不同年份的销售额折线，可以快速识别销售的季节性模式和长期趋势。最后，还可以添加一些统计指标，如移动平均线，以帮助平滑数据并识别长期趋势。同时，应注意检查和解释任何异常值或突变点，以确保对数据的正确理解和解释。

（四）直方图分析

直方图是一种用于展示数据分布的图表，它通过将数据分组并计算每组的观察次数来呈现数据的频率分布。

创建直方图时，先要确定数据的分组（或称为“bin”）大小和数量。分组会影响直方图的外观和解释。太少的分组可能会遮掩数据的真实分布，而太多的分组可能会造成过多的噪声。通常，分组的数量应使直方图清晰地显示数据的主要分布特征。

直方图的每个柱子代表一个数据范围，柱子的高度代表该范围内的数据点数量。通过观察直方图的形状，可以得到数据分布的很多信息，如数据是否呈正态分布，是否有偏斜，以及是否存在多个峰值。这些信息对于审计人员来说非常有用，可以帮助识别可能的数据完整性问题或错误。

通过直方图分析，审计人员不仅可以快速了解数据的分布情况，还可以识别出可能需要进一步审查的区域。在大数据环境下，直方图分析是一个强大而有效的工具，可以帮助审计人员更有效地进行数据分析和审计评估。

（五）气泡图分析

气泡图是一种通过图形直观展现数据的方式，它能够在二维平面上展现三个甚至更多的数据维度。在大数据审计的可视化分析中，气泡图可用于以下场景。

1. 多维数据展示

通过气泡图，审计人员可以在二维平面上展示多维数据。通常情况下，气泡图的 x 轴和 y 轴代表两个数据维度，而气泡的大小和/或颜色则可以表示其他一或多个数据维度。

2. 数据关系分析

通过观察气泡的位置和大小，审计人员可以快速识别数据之间的关系，如哪些数据点具有相似的特征，哪些数据点是异常的。

3. 数据趋势分析

气泡图可以帮助审计人员识别数据的趋势和模式，如通过时间序列的气泡图，审计人员可以观察数据随时间变化的趋势。

4. 交互式分析

现代的数据可视化工具通常提供交互式的气泡图，审计人员可以通过交互操作，如放大、拖动和点击，来深入分析数据，获取更多信息。

5. 异常检测

通过气泡图，审计人员可以很容易地识别出异常数据点，如过大或过小的气泡通常表示数据异常，这对于审计人员发现潜在的问题非常有帮助。

在应用气泡图分析时需要注意以下几点，以确保分析的准确性和有效性：①选择适当的数据维度。确保所选择的数据维度能够有效地反映出需要分析的内容，同时避免选择过多的数据维度，以保证图表清晰和易于理解。②使用正确的比例尺和颜色方案有助于更好地呈现和解释数据。比例尺应该能够准确地反映数据的范围和分布，而颜色方案应该能够清楚地区分不同的数据点或类别。③利用交互式功能可以使气泡图呈现动态特点，信息丰富。例如，通过交互式图表，用户可以放大特定区域，查看更多细节或者点击气泡，以获取更多相关信息。④提供清晰的图表标题、轴标签、图例和其他说明，以帮助用户理解图表中的信息。良好的注释和说明能够使气泡图更为直观和易于理解。⑤避免过度拥挤。如果数据点过多，气泡图可能会变得过于拥挤，从而难以解读。在这种情况下，可能需要考虑使用其他类型的图表或者通过筛选和分组数据来减少图表的复杂度。

（六）小提琴图分析

小提琴图（violin plot）是一种用于表示多个数据分布的图表，它能够同时展示数据的分布、密度和累积分布。在大数据审计可视化分析中，小提琴图可以用于以下场景：①数据分布和密度展示。小提琴图分析中通过绘制核密度图展示数据的分布和密度，使得审计人员可以直观地看到数据的主要集中区域和分布范围。②多组数据比较。小提琴图特别适合用于比较多组数据的分布情况。通过将不同组的小提琴图放置在同一个图表中，审计人员可以清晰地看到不同组数据的分布差异。③异常值检测。小提琴图中通常会标示出异常值，这对于审计人员识别和处理可能的数据问题是非常有帮助的。④统计汇总信息。小提琴图中的箱形图部分展现了数据的基本统计汇总，如四分位数、中位数等，这对于审计人员了解数据的基本统计特性是非常有用的。⑤参数调整和定制。审计人员可以调整小提琴图的参数，如核密度的带宽、颜色方案等，以满足特定的分析需求和呈现效果。⑥辅助决策。通过对比分析，小提琴图可以帮助审计人员识别可能的问题和趋势，从而为审计决策提供有力的支持。

在进行小提琴图的制作时，基于不同的数据可视化工具和平台，操作流程可能会有所差异。然而，基本步骤具有通用性。以下是制作小提琴图的基本流程：①数据准备。需确保数据已经经过适当的清洗和格式化，以便于其被正确地导入所选的数据可视化工具中。数据集应包含待分析的变量。②工具选择。有多种工具可用于创建小提琴图，如R语言、Python（尤其是通过使用seaborn或matplotlib库）、Tableau或Excel等。③数据导入。将数据导入所选的可视化工具中。例如，若选择使用R语言或Python，可能需要利用read.csv或pandas.read_csv函数来导入数据。④小提琴图生成。在所选的可视化工具中生成小提琴图。⑤小提琴图定制。根据分析需求对小提琴图的外观和参数进行定制。例如，可以修改颜色方案、添加标题和标签、调整核密度估计的带宽等。⑥检查与调整。审查生成的小提琴图，以确保其准确反映需展示的数据。根据需求，可能需要对图表的外观和清晰度进行一些调整。⑦导出与分享。一旦满意生成的小提琴图，可以将其导出为图像文件或通过所选的平台与他人分享。

四、基于文本数据分析的大数据审计方法

由于目前企业数字化程度高，信息系统复杂，需要采集和审计的各类数据较多，且不仅仅是数据库中的电子数据，还包括一些文本数据。对文本格式的非结构化数据进行分析是大数据审计工作中的一项重要内容。

（一）基于文本数据分析的大数据审计方法原理

基于文本数据分析的大数据审计方法原理如下：根据对企业的调查，在访谈和现场观察等基础上，采集企业内外部相关信息，如政策文件、项目信息、董事会会议记录、董事会会议决议、总经理办公会记录、会议决议单、办公会通知、办公文件、项目安排、相关年度资金计划安

排、项目工作总结、相关项目绩效评价报告等非结构化数据，以及从外部网上公开数据源采集来的相关文本数据；在审计大数据预处理的基础上，基于“总体分析、发现疑点、分散核查、系统研究”审计思路，采用大数据工具对相关文本数据进行分析时，审计人员可通过对可视化的分析结果进行观察，快速从被审计大数据信息中发现异常，获得审计线索；通过对相应数据作进一步的延伸审计和审计事实确认，最终获得审计证据。

（二）基于文本数据分析的大数据审计方法的实现

1. 相似度分析

相似度分析的核心原理是通过计算文本之间的相似度来评估文本内容的相似程度。在大数据审计的背景下，这种分析有助于识别和比较不同文本数据中的内容，以发现可能的重复、不一致或异常情况。

进行相似度分析时需要对文本数据进行预处理，这是为了确保文本数据的质量和一致性，从而使得后续分析更为准确。预处理步骤可能包括文本清洗、分词、停用词的去除、词干提取等。随后，将文本数据转换为数值特征向量，这是通过特征向量化实现的。特征向量化是将文本数据转换为数值形式，以便于计算和分析。常见的特征向量化方法包括词频－逆文档频率（TF–IDF）和词嵌入技术。这些方法可以将文本中的每个词或短语表示为数值向量，从而捕捉文本的语义信息。在得到文本的数值表示后，接下来要选择并应用相似度计算方法，如余弦相似度、杰卡德相似度和欧几里得距离等。通过这种方式，可以计算出文本之间的相似度得分。考虑到实际的审计需求和背景，可能需要设定一个相似度阈值来识别可能的问题或异常。例如，如果两个文档的相似度超过了预定的阈值，可能意味着存在重复或抄袭的情况，需要进一步进行审查。最后，审计人员可以通过可视化工具展现相似度分析结果，以直观地了解和解释分析结果，从而发现可能的问题和异常。同时，基于相似度分析结果，进行进一步的验证和审计事实确认，以获取可靠的审计证据。

2. 标签云分析

标签云分析是一种用于展示文本数据中词汇的频率或重要性的方法。在进行标签云分析时，需要先对文本数据进行预处理，以确保数据的质量和一致性。接下来是要计算词汇的频率或权重。通常，词汇的频率可以通过简单的计数得到，而权重可能需要更为复杂的计算，如使用 TF-IDF 方法来评估词汇在文本中的重要性。词汇的频率或权重确定后，就可以生成标签云。在标签云中，词汇被展示为一个个标签，标签的大小和 / 或颜色表示词汇的频率或重要性。通常，出现频率较高或权重较大的词语会以更大的字体和更为突出的颜色展示，从而帮助用户快速地识别文本数据的主要内容和主题。

通过查看标签云，审计人员可以快速地了解被审计单位的主要业务、项目、政策等相关信息，从而为后续的审计工作提供有用的参考。同时，标签云分析可以与其他文本分析方法，如主题模型、情感分析等结合使用，促进更为全面和深入的文本数据分析。

第六章 企业内部审计流程改进

企业数字化中通过引入自动化工具，很大地提高了内部审计的效率和准确性。同时，数字也促进了知识的分享，为审计流程的持续改进提供了新的可能，从而推动了内部审计流程的全面变革和优化。本章主要探讨企业内部审计流程改进的目标与原则、基于数字化技术的企业内部审计流程改进和基于财务共享的数字化内部审计流程。

第一节 企业内部审计流程改进的目标和原则

一、企业内部审计流程改进的目标

（一）企业内部审计流程改进的总体目标

1. 提升审计效能

在现代企业环境中，审计效能的提升往往意味着更高的审计速度、更准确的审计结果，以及更高效的资源利用。通过优化审计流程、引入先进的审计技术和工具，以及提高审计人员的技能，企业可以显著提高审计的效能。

2. 确保企业合规性

通过优化审计流程，企业能够确保运营和管理活动符合相关的法律、法规、标准和内部政策要求。经过改进的审计流程可以帮助企业及时发现和纠正可能的合规问题，从而降低风险，保护企业免受法律纠纷和罚款的威胁，同时提升企业的声誉和信誉。

3. 增强风险管理能力

通过审计流程的改进，企业可以建立更为完善和系统的风险管理框架，以识别、评估、监控和应对各种可能的业务风险。优化后的审计流程能够帮助审计人员更为准确和及时地识别潜在风险，制定有效的风险应对和缓解措施，从而保障企业的稳定运营和持续发展。

（二）企业内部审计流程改进的具体目标

1. 实现系统集成化的信息收集

系统集成化的信息收集是指通过构建统一的、集成的信息系统来实现企业各个业务单元和部门之间的信息共享和流通，以便于审计人员从中快速、准确地获取所需的审计信息。实现系统集成化的信息收集能够减少信息孤岛的出现，促进信息的准确传递和实时更新。通过系统集成，审计人员可以更好地了解企业的业务流程和操作模式，从而在审计过程中做到有的放矢，提高审计的效率和质量。同时，系统集成化的信息收集有助于审计人员发现和分析企业的潜在风险和问题，为企业的决策提供有效的支持。

2. 实现业务事件驱动的信息处理

业务事件驱动的信息处理是指通过建立事件触发机制，使得审计系统能够实时捕捉和处理与审计相关的业务事件。例如，当某个重要的财务交易发生时，审计系统可以自动触发相关的审计程序，对该交易进行检查和分析。这样的机制能够确保审计的时效性和实时性，使审计人员能够及时发现和处理可能存在的问题。通过业务事件驱动的信息处理，审计人员不再需要花费大量时间去手动收集和处理信息，而可以依靠系统的自动化功能，提高审计的效率和效果。

3. 实现审计报告使用者自助式的信息获取

自助式的信息获取是指通过构建友好的审计报告平台，使得审计报告的使用者能够根据自己的需要，自助获取和查看审计报告和相关的审计信息。通过实现自助式的信息获取，可以减轻审计人员的工作负担，提高审计报告的使用效率。同时，自助式的信息获取有助于提高审计报告使用者的满意度，促进审计报告的传播和应用。通过自助式的审计报告平台，审计报告的使用者可以更加方便、快捷地获取所需的审计信息，从而为企业的决策提供及时、准确的支持。

二、企业内部审计流程改进的原则

企业内部审计流程的改进应遵循一些基本原则，以确保审计工作高效而准确。主要原则如图 6–1 所示。

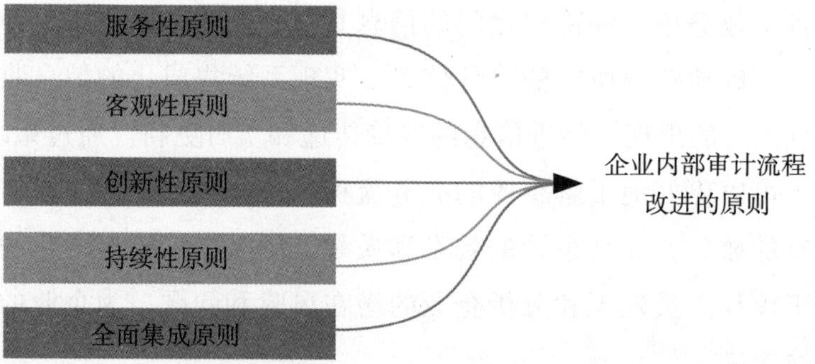

图 6–1 企业内部审计流程改进的原则

（一）服务性原则

服务性原则强调的是审计工作应致力为企业的各项业务和管理提供服务，以促进企业的健康发展和持续改进。内部审计不仅仅是对企业业务和财务的监督和检查，还是一个为企业提供价值、帮助企业发现问题和改进的过程。服务性原则也要求审计流程的设计和改进应围绕如何更好地为企业服务这一核心目标，确保审计工作能够为企业的发展贡献价值。

（二）客观性原则

客观性原则要求审计流程设计和改进中应着力消除可能影响审计客观性的因素，如增强审计的独立性、强化审计人员的职业操守，以及建立健全的审计标准和程序等。

（三）创新性原则

创新性原则强调的是在审计流程改进中，应积极采用新的技术、方法和理念，以提高审计的效率和效果。

（四）持续性原则

持续性原则强调的是审计流程改进应持续不断，以便随时应对企业运营环境和审计环境的变化。在现代企业环境中，业务流程和风险状况是不断变化的，而一个有效的内部审计流程应能够及时适应这些变化，以保障审计的效率和有效性。持续性原则要求企业建立持续改进机制，积累丰富文化，以便不断评估和优化审计流程。例如，通过建立定期评审机制，企业可以定期评估审计流程的效果和效率，及时发现并纠正存在的问题。同时，通过持续的培训和学习，审计人员可以不断积累审计技能和知识，以适应审计环境变化。此外，持续性原则要求企业在审计流程改进中注重长远的规划和发展，而不仅仅是短期的效果，以确保审计流程的持续优化和发展。

（五）全面集成原则

全面集成原则强调的是在设计和改进审计流程时，应充分考虑与企业其他业务流程和管理流程的集成，以促进审计工作的全面协调。全面集成可以帮助审计流程更好地适应企业的实际运营环境，提高审计的效率和效果。例如，通过与财务、运营和风险管理等的集成，审计流程中可以更好地捕捉和分析与审计相关的信息和数据，从而提高审计的准确性和时效性。同时，全面集成原则要求审计流程的设计和改进与企业的整体战略和目标相协调，以确保审计工作能够为企业的整体发展提供有效的支持。此外，全面集成还可促进审计与其他业务和管理流程之间的交流和协作，为企业的持续改进和风险管理提供更加全面和准确的支持。通过全面集成，企业可以实现审计工作的高效协调，为企业的健康发展和风险管理提供有力的支持。

第二节　基于数字化技术的企业内部审计流程改进

一、基于 RPA 的企业内部审计流程改进

（一）RPA 的概念与功能

1.RPA 的概念

机器人流程自动化（robotic process automation，RPA）指通过使用用户界面层中的技术，模拟并强化人与计算机的交互，执行基于一定规则的可重复任务的软件解决方案。RPA 也被称为数字化劳动力，是企业数字化转型的支持性智能软件。①

RPA 的工作原理基于两个主要技术：用户界面（UI）捕捉和工作流自动化。软件机器人通过捕捉用户在界面上的操作，如点击、键入、拖拽等，学习并复制这些操作。一旦机器人被训练完成，它就可以独立完成这些操作，且通常速度比人快得多。在工作流自动化方面，RPA 不仅可以执行单一的任务，还能按照预定的逻辑在多个应用间进行切换，实

① 刘永春，罗莉，张云华，等．会计信息系统 [M]. 上海：立信会计出版社，2021：266.

现完整的业务流程自动化。

2.RPA 的功能

RPA 通过对人类操作的模拟以及对人类判断的模拟，能够实现数据的收集和整理、数据的验证和分析、数据记录、协调和管理、计算和决策、沟通、生成报告等一系列功能。基于其应用特点和能力，可进一步将 RPA 的功能划分为 5 个模块，即数据检索与记录、图像识别与处理、平台上传与下载、数据加工与分析、信息监控与产出。在实际应用中，RPA 往往承载以上多种功能的组合，从而实现某一流程节点的自动化。

（1）数据检索与记录。RPA 能够自动化地执行人们通常需要手动完成的重复任务，如从不同的系统、数据库或网络平台中检索数据，并将数据记录在指定的位置。通过编写特定的脚本，RPA 可以按照预定的规则和逻辑，快速准确地完成大量的数据检索和记录任务，大大提高数据处理的效率和准确性。此外，RPA 还可以实现数据的实时检索和记录，为企业提供及时、准确的数据支持，有助于企业更好地把握业务动态并快速做出决策。

（2）图像识别与处理。通过利用先进的图像识别算法，RPA 能够识别图像中的文本、对象和模式，将图像数据转换为结构化的数据。同时，RPA 可以自动化地执行图像处理任务，如图像裁剪、旋转、大小调整和颜色调整等。这种功能在处理大量图像数据时尤为重要，如在发票处理、身份验证和文档归档等场景中，能够大大减轻人工处理的负担，提高处理的速度和准确性。

（3）平台上传与下载。RPA 的平台上传与下载功能可以自动化地处理与网络平台或系统间数据交换相关的任务。例如，它可以自动化地将数据从企业内部系统上传到外部平台，或从外部平台下载数据到内部系统。这种功能对于企业来说非常重要，尤其是在需要与多个外部供应商、客户或合作伙伴进行数据交换时。RPA 可以根据预设的规则和时间表，自动完成数据上传和下载任务，确保数据交换的及时性和准确性，同时减轻人工操作的负担。

（4）数据加工与分析。RPA 可以按照预设的规则和算法，对数据进行清洗、整理和分析，帮助企业从中发现有价值的信息和模式。例如，它可以自动化地完成数据的分类、汇总、统计和趋势分析等任务，为企业提供有价值的分析结果和意见。通过 RPA 的数据加工与分析功能，企业可以更好地了解业务表现和风险，为决策提供数据支持，同时发现潜在的问题和机会，为持续改进提供参考。

（5）信息监控与产出。RPA 的信息监控与产出功能可以帮助企业实时监控关键的业务指标和事件，并按照预定的规则和逻辑生成报告和通知。例如，它可以实时监控企业的销售、财务和运营数据，一旦发现异常情况，就可以及时向相关人员发出通知。同时，RPA 可以定期或按需生成各种业务报告，为企业的管理和决策提供数据支持。

（二）利用 RPA 改进企业内部审计流程的具体策略

1.RPA 通过梳理流程助力内部审计流程挖掘

流程挖掘是一种新型的、基于事件日志的信息提取方法，其基本思想是从信息系统中记录的事件日志出发，深入挖掘组织业务活动的各个维度，发现现有流程、控制、数据或架构的缺点，从而为诊断和优化流程提供有力依据。流程挖掘与现代内部审计的需求相契合，其有助于全方位、持续性地观察、定位、监测、挖掘、分析和改进业务流程，是推动内部审计数字化转型的重要工具之一。在这个过程中，RPA 作为流程自动化的主要实现工具，与流程挖掘形成了相互支持的关系，共同促进了企业资源的优化与可持续发展。

作为流程自动化的主要实现工具，RPA 与流程挖掘之间是相互支持的关系①，且其逐渐在更多场景共同发挥作用，促进了企业资源优化与可

① 廖志江，王端.RPA 助力工银澳门数字化转型［J］.中国金融电脑，2022（6）：58-61.

持续发展。一方面，通过流程挖掘可以从任何支持操作流程的信息系统中提取事件数据，利用这些数据来回答与流程相关的各种问题，为RPA提供了端到端的流程视角。这有助于发现流程效率低下的根源，并确定包括自动化在内的改进机会，同时为RPA的部署提供任务优先级信息，提高自动化的效益。另一方面，利用RPA技术搭建自动化机器人的过程，实质上是对现有流程和数据的深入梳理。所获得的信息和知识可以作为流程挖掘模型构建的重要输入，帮助提升流程挖掘模型与实际流程的匹配程度，加强流程挖掘成果的利用，最大化流程的价值，以进一步促进企业内部审计数字化建设。这种相互支持和协同的关系，使RPA和流程挖掘成为企业内部审计数字化转型的双重驱动力，为企业内部审计高效、准确和及时提供了有力保障。

2.RPA通过内部审计机器人促进内部审计流程标准化

RPA非侵入、强兼容的技术特点能够帮助消除现有企业内部审计流程中存在的重复性强、效率低下的工作，帮助重新打造内审流程，有效缩减完成流程所需要的时间，促进组织人力资源的合理配置。

结合现有内部审计工作流程，利用RPA技术构建数据采集机器人、数据处理机器人、数据分析机器人、审计通知机器人、生成底稿机器人等多个功能机器人，能够解决当前流程标准化程度低的问题。如图6-2所示，嵌入内部审计机器人有助于自动发送审计通知，自动获取组织内部业务数据、财务数据、信息系统日志等信息，自动生成审计底稿，显著提高内部审计流程效率，减少人工干预，推进流程标准化和自动化建设。

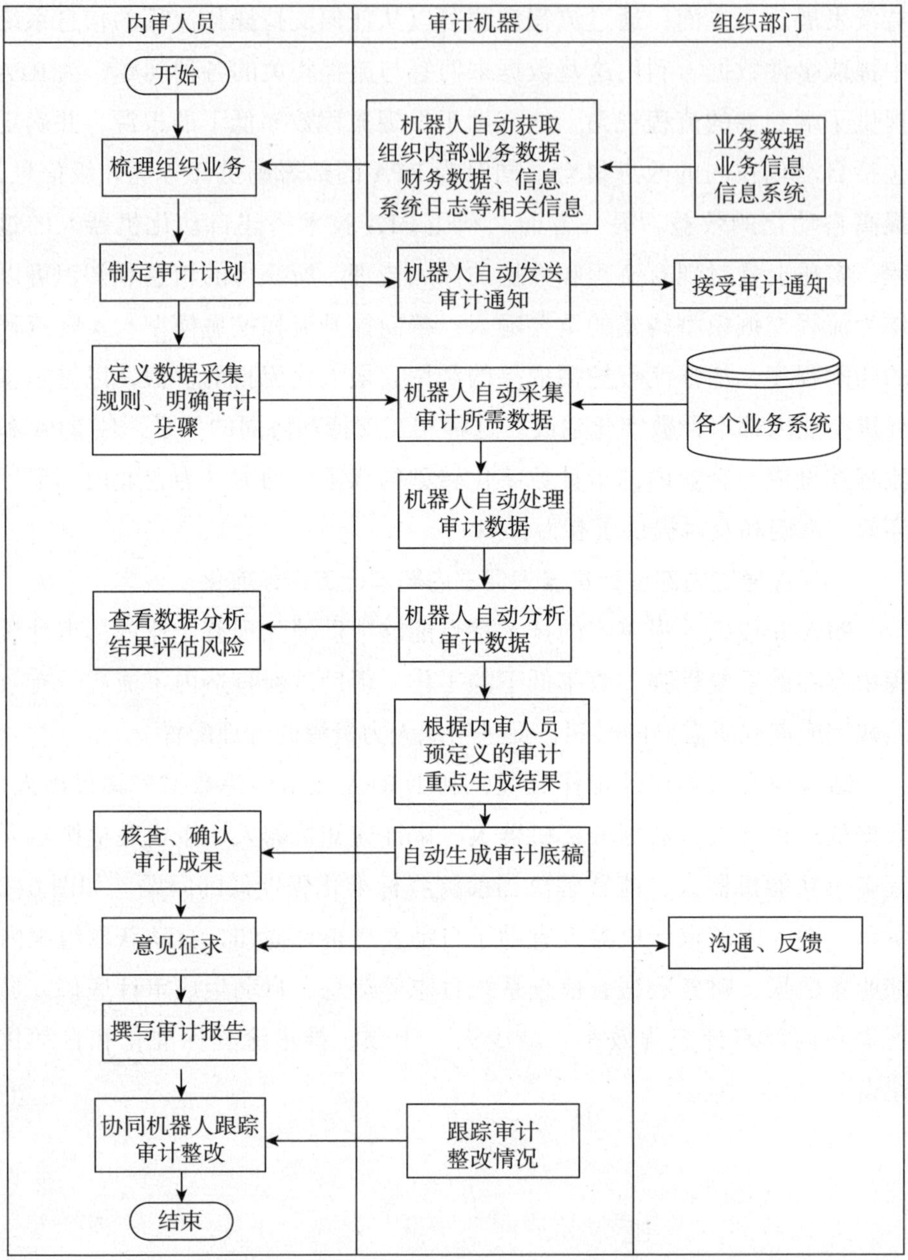

图 6-2　嵌入内部审计机器人的业务流程图

（三）内部审计机器人的实现路径

1. 内部审计机器人原型构建

在构建企业内部审计机器人原型时，需要紧密结合审计工作的目标和具体流程，以底层数据为起点，充分考虑 RPA 技术的特点、功能和操作方法进行设计。根据提供的资料，内部审计机器人原型主要分为三个部分：数据层、部署层和服务层。

数据层的任务是对项目所涉及的数据进行详细梳理、融合和分类。这一部分为机器人的搭建提供了必要的基础数据，包括业财数据、员工数据、系统日志数据等。这些数据是机器人能够有效执行审计任务的基础，也是评估和优化审计流程的重要参考。

部署层依据底层数据的特点，利用自动化组件对局部流程进行设计，以顺利搭建机器人。在这个阶段，可以利用多种自动化组件，如 PDF 文本识别、OCR 图像识别、网页抓取和人机交互等组件，来满足数据采集、数据筛选、数据处理以及数据分析等机器人需求。通过这些组件，能够促成一个统一调配的机器人集群，为审计工作提供强有力的技术支持。

数据层和部署层为服务层提供了强有力的支撑，使得审计人员能够充分利用自动化技术完成相关的审计任务。例如，数据采集、数据清洗、发送审计通知、生成审计底稿等。充分利用这个层次，可以助力内部审计的数据挖掘、模型构建以及流程强化，进而加快内部审计的数字化转型进程。

2. 内部审计机器人自动化模型选取

内部审计机器人的自动化模型包括无人值守、人工参与、间或有人值守、同步有人值守以及混合部署等，每种模型对应不同的使用场景和需求。在选取自动化模型时，审计人员需考虑组织内部现有的基础设施、软硬件系统、业务系统、审计事项的重要性以及具体的审计流程需求，以确保选取的模型能够贴近实际，为内部审计工作提供有效支持。

（1）无人值守模型。无人值守模型适用于那些不需要人工干预的审计任务。在此模型下，机器人可以独立在各个不同的系统中收集数据、整合数据、汇总数据和验证数据。这种模型能够提高审计的效率，尤其是在处理大量重复性和单调性任务时。

（2）人工参与模型。人工参与模型适用于包含必须经过人工决策的审计流程。在此模型下，机器人负责执行一些基本的数据收集和处理任务，而复杂的决策和分析任务则由人工完成。

（3）间或有人值守模型。间或有人值守模型适用于与员工协同工作的场景。机器人可以分担所有单调和重复性的任务，而员工则负责更为复杂和需要专业知识的任务。

（4）同步有人值守模型。在同步有人值守模型下，机器人负责在后端整理多种工作表中的所有相关数据，汇总并处理数据后将数据传给前端人工。这种模型可以为前端人工提供及时、准确的数据支持，提高审计的效率和质量。

（5）混合部署模型。混合部署模型适用于始终需要高度人工干预，同时包含大量后端处理任务流程的场景。这种模型能够充分利用机器人和人工的优势，为内部审计提供全面、准确的支持。

3. 内部审计机器人部署实施

在内部审计机器人部署实施过程中，需要综合考虑多方面的因素，以确保机器人能够有效地支持内部审计工作。以下是部署实施过程中需要注意的几个重要方面。

（1）考虑审计环境和故障恢复的难易程度。部署审计机器人时，首要对审计环境进行全面的评估，并考虑故障恢复的难易程度。应确保所选择的 RPA 技术和工具能够适应审计环境的特点，同时需要考虑维护成本，以确保项目的可持续性。

（2）实验环境中的多重测试。在成功搭建机器人后，审计人员应先在实验环境中使用脱敏数据进行多重测试。通过测试，可以评估机器人与审计流程的适配程度，确保机器人能够完成预定的业务目标。

（3）结合试点分析结果评估适配程度。结合实验环境中的测试结果和试点分析，评估机器人与流程的适配程度。如果发现存在不适配的情况，应及时进行调整和优化，以确保机器人能够有效地支持审计工作。

（4）监督机器人的性能和功能。在机器人运行的过程中，应利用数据分析、可视化技术和日志比对技术对机器人的各项性能和功能指标进行监督。通过监督，可以及时检查机器人是否能够达成预期的目标，如果发现存在问题，应及时进行调整和优化。

（5）根据指标数据不断优化机器人。依据监督过程中收集的指标数据，不断优化机器人的性能和功能。通过不断的优化，可以逐渐提高机器人的效率和准确性，为内部审计提供更为有效的支持。

（6）逐渐扩大机器人实施范围。在确保机器人能够有效地支持审计工作的前提下，逐渐扩大机器人的实施范围。通过扩大实施范围，可以进一步推动内部审计的数字化转型和升级，同时确保不会破坏原有的审计流程和业务数据。

4. 内部审计机器人数据管理

首先，在数据标准化方面，由于企业内部审计实务中数据表现形式不同，机器人在将非结构化数据转换为结构化数据的过程中可能会过滤掉一些重要的审计数据，从而带来一定的审计风险。为了避免这种风险，审计人员需要在数据转换过程中加以干预。

其次，在数据备份与恢复方面，由于机器人具有软件故障风险，可能会出现数据丢失的情况。因此，在机器人正式投入使用之前，需要做好灾难恢复计划，确保在机器人数据出现异常或丢失时，能够通过备份数据和恢复技术加以还原，必要时需由审计人员介入。

最后，在数据安全方面，企业内部审计数据通常包含组织业务中的敏感数据和商业机密，如客户个人隐私信息、企业财务数据、合作协议等，可使用机器人自动化处理数据泄露风险。为了降低这种风险，搭建机器人时需要根据具体需求划分内网机器人和外网机器人，做好数据安全防范工作。在内外网数据交互的过程中，可以考虑利用加密技术、角色权限分配、跟踪日志等方法，确保数据真实、一致和安全。

5. 内部审计机器人权责界定

由于RPA机器人的应用处于探索阶段，企业在部署时可能会为其分配过多的权限以保证其成功运行。但这样做可能导致信息泄露、越权访问和权责冲突等问题，特别是当审计人员与机器人之间的权责界定不够明确时，如果出现运行错误则难以追责。为了解决这些问题，企业可以为每个RPA机器人和流程配备唯一身份认证。通过日志备份和比对技术，可以发现流程中的问题，追溯流程错误，并落实职责分离。同时，通过构建组织制度来限定可使用机器人的人员及其应用范围，规范机器人在其生命周期中的审批和使用流程，从而明确审计人员与机器人的权责。这样，可以创造出一个“人类＋机器人”良好协作的工作环境。

二、基于区块链技术的企业内部审计流程改进

前文简要阐述了基于区块链技术的内部审计相关知识，下面针对如何利用区块链技术改进企业内部审计流程进行详细论述。

（一）企业内部区块链的构建

在构建区块链的初始阶段，需要将被审计的企业及其所有愿意配合并能够承担验证责任的交易相关方，如银行、税务部门以及交易的关联方企业等，纳入同一区块链，作为验证交易真伪的节点。一旦所有交易相关方都进入该链，便形成了一个联盟链。在这个联盟链中，每一个节点都需要遵循区块链的运作规则，各自完成自己的工作，且任何节点都不得蓄意破坏区块链或泄露相关的保密数据。处于该链上的每一个节点都享有相同的操作权限，包括记账权和否定权，同时为更好地配合审计工作，该链上的各个节点需相互信任且保持自身的独立性，至此一个新的区块链的构建便基本完成。

在新的区块链结构下，形成了一个相互制约和相互监督的大环境。

各节点间保持独立，这样可以有效降低机构内部的舞弊风险，从而在一定程度上保障金融机构内部秩序的稳定。

（二）区块链内部审计的运作流程

当区块链构建完成并正式运行之后，该区块链内所发生的所有交易事项将被实时记录并汇入交易池中进行存储。为了保证区块链的运作效率，对该交易池设定了一个规则：当交易池的交易量达到一定水平时，会从交易池中提取这部分交易进行验证记账工作。验证开始后，联盟链上的所有节点利用区块链技术进行分布式记账。选择具有记账权的节点的过程需要运用区块链的核心技术之一——共识机制。

拥有记账权的节点记账完成后，会将记账结果公布给联盟链的其他所有节点，其他节点对此记账结果进行验证。如果记账结果正确，所有节点通过验证，并触发智能合约，运用企业内部审计部门提供的审计软件进行自动实时审计。审计通过后，将交易信息打包上链，并盖上相应的时间戳，同时各其他节点的交易数据也将实时更新。如果记账结果错误或任一节点或多个节点未通过该交易的验证，则验证失败，需要重新复核交易信息并找出问题所在。通过反复执行此流程，成功上链的交易信息将变得不可篡改，并在链上被安全存储。

在企业内部控制有效的前提下，这种机制将更进一步保证上链交易信息的真实性。每笔交易信息都有对应的时间戳，如果后续在审计工作中发现问题，可以依据交易信息的时间戳进行精确查找，大大提升审计的精准率和效率。这个过程很好地体现了区块链的可追溯性特点，使得内部审计能够更加高效和准确地进行，从而为企业的内部审计工作提供强有力的技术支持。通过区块链技术，内部审计流程得以改进，并逐步实现自动化、实时化和精准化，展现出了区块链技术在内部审计领域的较大潜力。

从上述区块链内部审计流程来看，企业发生的相关交易经过其内部的审计工作，不仅提高了相应数据的可靠性，同时为之后的审计工作减轻了部分负担，减少了不必要的资源浪费，提高了审计效率。区块链技术不仅保障了企业数据的真实性与合法性，同时优化了内部审计的流程，加强了内部控制，降低了审计成本，促进了效益性与健全性审计目标的实现。

第三节　基于财务共享的数字化内部审计流程

一、财务共享概述

（一）财务共享的概念

财务共享旨在实现财务流程集中化、标准化和自动化，以提高管理效率、降低成本。在这种模式下，企业通常要设立一个共享服务中心，负责为整个组织提供财务和会计服务。通过这种方式，各个业务部门可以专注于其核心业务活动，而将标准化的财务任务交由共享服务中心处理。此模式不仅有助于节约资源，还能确保财务数据的准确性和及时性。财务共享服务中心可以通过最新的技术平台和自动化工具，如ERP系统，实现财务过程的自动化和标准化，从而大大提高整个组织的工作效率。此外，这种集中式的财务管理方式也为企业提供了更好的内部控制，确保了财务数据的完整性和安全性。

（二）财务共享模式的特点

1. 集中化的操作流程

财务共享模式通过将分散在各个部门或子公司的财务活动整合到一个共享服务中心，提升整体的财务管理效率。这种集中处理方式避免了多处独立操作可能带来的数据不一致性，可保障全公司范围内的数据标准和流程的一致性。由于集中处理，共享服务中心可以更容易地引入和采纳最佳实践，从而进一步优化财务流程。同时，此模式有助于减少跨部门或跨子公司的沟通障碍，促进更快速、更透明的信息传递。集中化不仅有助于消除重复工作，还可使流程的改进、创新和标准化更容易，为组织提供更为稳健和高效的财务运作基础。

2. 标准化的服务过程

财务共享模式强调为组织内的各个部门或子公司提供一致和统一的财务服务。这种统一性源于一个明确和详细的服务标准，可确保无论部门或子公司的业务特点和地理分布如何，其接收到的财务服务都是持续、一致的。此外，这种标准化方式降低了培训成本，因为员工不需要适应多种变化的流程和操作规程。同时，标准化服务减少了误解和混淆的可能性，从而提高了服务质量和客户满意度。当财务服务标准化，整体运营风险得到有效控制，而对外的财务报告也更加透明和可靠。

3. 优化的资源配置

在财务共享模式中，资源的集中化管理变得尤为关键。企业将其人力和资本资源集中于一个共享服务中心，实际上是一个实现资源最大化利用的过程。这种配置方式有助于降低企业运营的总体成本，因为它消除了不必要的重复任务和流程。每个员工在这个模式下都有更明确的职责和专长领域，可确保他们的专业技能和知识都能在适当的地方得到应用。此外，集中的资源管理还可使企业更快速地应对市场变化或内部需求调整。在长期运营中，这种优化配置方式不仅有利于提高财务操作效率，还可为企业创造更多的增值机会。

4. 强化的内部控制

财务共享模式中的集中式处理方式为内部控制创造了有利的条件，因为所有的财务信息和活动都在同一个控制环境下。随着流程的集中化，建立统一的审计轨迹和监控机制将更容易，从而有助于在较短的时间内检测到潜在的问题或不规范的操作。这也使得内部审计变得更加高效，从而更早地发现和纠正问题。同时，强化的内部控制可以帮助企业更好地满足各种监管要求，降低合规风险。此外，一个集中、高效且受到严格监控的财务环境能够增强外部投资者和利益相关者对企业的信心，因为它代表了企业对其财务报告准确性和透明度的承诺。

二、财务共享模式对企业内部审计的影响

财务共享作为一种发展中的核算模式，对内部审计产生了一系列的影响。从财务共享提出以来就有不少学者对内部审计流程发展进行了研究。

程平及崔纳牟倩对财务共享下如何进行内部审计进行了总体研究，并提出了内部审计的改进策略和建议。财务共享服务中心包含财务数据、业务数据和会计知识、第三方信息等，通过财务共享云平台能够获取传统的结构化数据，也能进一步利用物联网获取相关非结构化的数据。财务共享拓宽了内部审计获取信息的范围，提供了更多的内部审计线索。①

程平和白沂对财务共享下内部审计的研究从大数据的角度出发，指出财务共享中的数据、企业其他系统中的业务数据、外部的第三方数据共同构成大数据，要在建设大数据审计数据仓库的基础上进行审计数据的处理和审计取证。②

张俊清对财务共享服务中心的内部审计系统进行了研究，旨在提出适应新环境的内部审计方式和流程。③

从以上文献的梳理可以总结出以下几点：一是财务共享会影响内部审计数据获取范围，内部审计应当转变思路，充分利用数据信息整合优

① 程平，崔纳牟倩．大数据时代基于财务共享服务模式的内部审计[J]．会计之友，2016（16）：122-125.

② 程平，白沂．基于财务共享服务模式的大数据审计研究[J]．中国注册会师，2016(5)：84-87，3.

③ 张俊清．基于财务共享模式的内部智能审计体系设计[J]．财会通讯，2019（7）：111-115.

势。二是学者强调系统管理，并从内部审计流程、内部审计取证等方面实现内部审计的全方面发展。

三、财务共享模式下企业内部审计流程优化

（一）审计准备阶段

财务共享模式下，企业内部审计准备阶段分为以下几步：首先，内部审计人员明确公司的相关战略并通过内部审计数字化平台对公司的中短期审计计划进行分析，对之前内部审计中可能被忽视的项目和业务进行审查，并分析审计计划中的数据与实物资产相关的多维数据特征，确定潜在风险和审计问题，然后将这些风险和审计问题纳入本次内部审计的备审清单；其次，内部审计人员根据数据的相关性、风险控制和内部战略重要性等标准评估审计备审清单的每一项，并设定审计项目的审计优先级；最后，通过评估每个被审项目的优先级，以明确每个项目的时间和资源分配，并创建一个具体、准确的审计模型，针对不同的问题匹配不同的模型，以确保内部审计的有效性和准确性。

（二）审计实施阶段

1. 数据采集和处理流程

在财务共享模式下，企业的财务管理逐渐向数字化转变，这为企业内部审计流程的优化提供了可能。在这种模式下，数据收集和处理成为优化内部审计流程的重要环节。

首先，为了深度挖掘数据中隐藏的信息，需要对财务共享下的数据类型和数据处理特点进行研究。在企业数字化的背景下，结构化和非结构化的数据量呈现爆发式增长，传统的数据仓库可能无法满足数据存储的需求。因此，可以将企业内部的业务信息和外部的数据聚集到云存储平台，并利用云存储平台的无限扩容能力对业务数据、财务数据和第三方数据进行存储。其次，内部审计部门可以借助大数据处理方法和技术对收集到的数据进行转换、清洗和筛选。这一步的目的是让数据更加标

准化和规范化，减少重复和冗余信息。处理过的数据将被存入审计信息化平台中的审计数据中心，为后续的审计工作提供数据支持。最后，审计数据中心与审计作业系统相连，以便于内部审计在接下来的程序选取和实施过程中能够更好地利用这些数据。在财务共享模式下，审计数据的全面收集过程如图 6-3 所示。

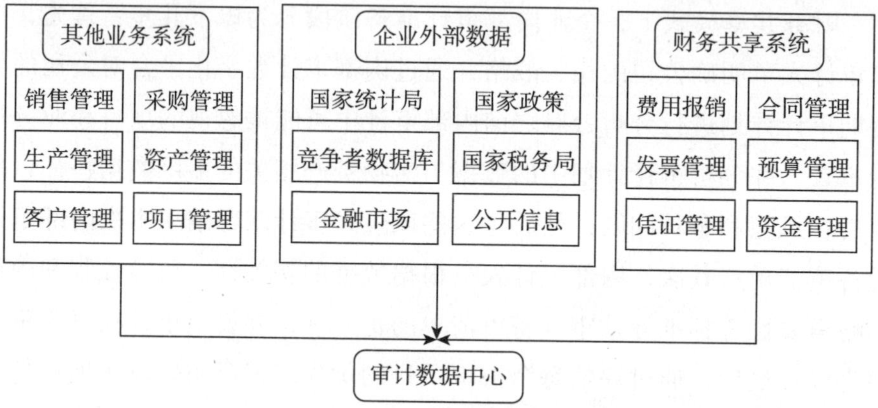

图 6-3　财务共享模式下的审计数据收集过程

2. 数据分析流程

在财务共享模式下，数据分析是在前期数据收集和数据存储的基础上进一步筛选审计疑点和实施审计程序的重要环节。

审计实施阶段可划分为非现场审计和现场审计两个方面。非现场审计部分主要是通过内部审计数字化平台中的审计作业系统调取审计数据中心经过预处理的数据，利用数据挖掘和数据分析方法获取完整有效、关联性较强的数据信息，再利用审计作业系统中的业务分析模型和审计项目经验来识别审计重点。这个过程中，大数据挖掘、智能分析等多种技术和方法的应用，有助于审计人员宏观掌握审计重点，深度挖掘企业运行中的问题。现场审计部分主要是为了弥补财务共享中的证据和非现场审计方式获取证据的不足。这包括对内部控制的实际调查、现场实施的确认等，以确保审计的完整性和准确性。

（三）审计终结阶段

这一阶段的主要任务是编制内部审计报告。在财务共享模式下，审计报告模板中被嵌入了一个数字平台，允许内部审计人员创建和输入报告，以确保审计报告客观、准确、直观、全面。

（四）后续审计阶段

后续审计阶段主要是内部审计人员通过对审计报告进行分析，针对被审计项目存在的问题进行整改，并对其后续整改情况进行审核和评价。在财务共享模式下，企业内部审计数字化转型后续审计的目标是评估被审计项目的管理层解决审计报告中存在的问题的有效性、适当性和及时性，以确保审计项目管理层充分重视内部审计报告的结果，并对可能存在的审计风险进行预防和控制。此外，后续审计阶段还可以提高内部审计的质量，加强对被审计项目中问题的及时纠正和跟踪，从而实现风险预警功能。内部审计数字化转型的后续审计符合传统内部审计的后续审计目标，但内部审计数字化后续审计更侧重于对发现问题的持续监测，更好地监控被审计项目的纠错行为，并监督跟踪审计报告中相关结论的执行情况。

第七章　企业内部审计转型保障体系建设实践

随着企业数字化的推进，企业内部审计工作即面临前所未有的机遇和挑战。数字技术的发展为审计工作提供了更高效、更精确的手段，同时提出了新的要求和标准。本章旨在探讨企业内部审计转型保障体系的建设实践，以应对数字化时代的新要求。

第一节　内部审计数据文化培育实践

一、数据文化的概念

企业文化是企业的灵魂，是所有员工的价值追求和精神纽带，是推动企业不断向前发展的动力。数据文化是企业文化的重要组成部分，是企业在运营过程中确立的原则，要求企业所有成员关注数据所传达的信息，树立“尊重事实，一切靠数据说话，一切凭数据决策”的理念，使注重数据、使用数据成为一种习惯和风尚，并根据数据分析结果做出决策或变更，它是尊重事实、强调精确、推崇理性和逻辑的一种企业文化。

在企业中，数据文化主要体现在以下几个方面。

（一）数据思维

数据文化的核心在于数据驱动的思维方式。数据驱动思维方式意味着企业在做出决策时，依赖数据和分析，而不是依赖直觉或者经验。数据驱动的决策是基于事实的，因此更加客观和准确。数据可以帮助企业揭示事物的真实情况，识别潜在的问题和机会，从而制定出更有效的解决方案。①

（二）数据利用

数据利用是指企业能够有效地使用数据来支持业务运营和决策，提高企业的运营效率和市场竞争力。这包括了数据的采集、分析、展现和应用等多个环节。在数据利用的过程中，企业需要建立一套完善的数据处理和分析流程，包括数据清洗、数据整合、数据分析和数据可视化等，确保数据的质量和准确性。同时，企业需要借助先进的数据分析工具和技术，如大数据分析、机器学习和人工智能等，来挖掘数据价值，为企业的决策提供有力的支持。此外，企业还需要培养员工的数据分析和数据应用能力，推广数据驱动的决策文化，确保数据能够在企业的各个层面和环节得到有效的利用。通过数据利用，企业能够更好地了解市场和客户，优化产品和服务，提高企业的效率和效益。

（三）数据管理

数据管理是指企业对数据的收集、存储、处理、分析和保护等环节进行有效的管理和控制，确保数据的质量、安全和合规性。这包括了数据的标准化、数据的质量管理、数据的安全保护、数据的合规性管理等多个方面。在数据管理的过程中，企业需要建立一套完善的数据管理制度和流程，包括数据的收集标准、数据的质量标准、数据的安全标准等，并建立相应的数据管理组织，确保数据管理和控制工作顺利开展。同时，

① 邵理煜，黄登玺，潘学芳．商业银行大数据治理研究与实践 [M]. 北京：机械工业出版社，2020：20.

企业需要借助先进的数据管理工具和技术，如数据仓库、数据湖、数据治理平台等，来支持数据的管理和应用。此外，企业还需要关注数据的安全和隐私保护，确保数据的合规性和安全性，为企业内部审计的数字化转型和发展提供有力的支持。

二、数据文化成熟度

数据文化成熟度是反映企业数据文化发展程度的指标，主要经历了以下四个阶段，如图 7–1 所示。

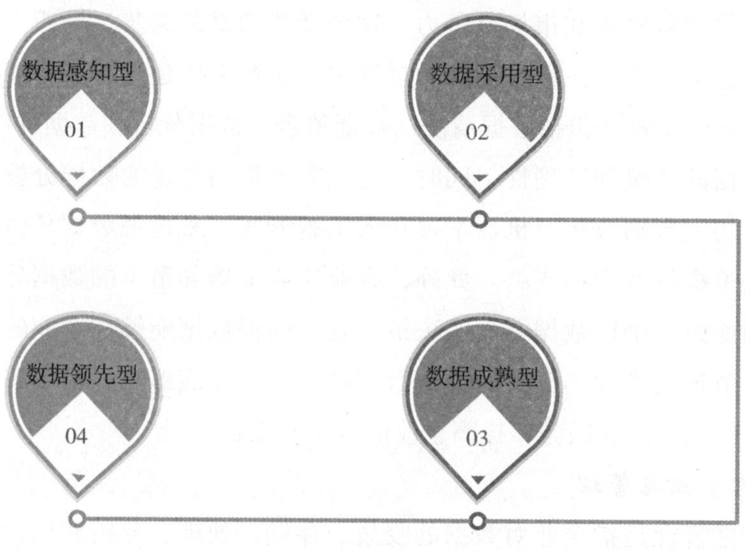

图 7–1　数据文化成熟度发展

（一）数据感知型

在数据感知型阶段，企业初步认识到数据的重要性，并开始尝试收集和使用数据。此阶段的企业通常缺乏完善的数据管理系统和数据分析能力，数据的收集和使用往往是零散和随机的，缺乏系统性和持续性。虽然企业领导和员工开始意识到数据的价值，但往往还未能形成明确的数据战略和数据文化。数据主要被用作日常运营和管理的辅助工具，而非核心的决策支持。数据感知型阶段的企业需要加强对数据的认识和理解，培养数据分析的基本能力，尝试建立基本的数据收集和管理流程，为数据文化的进一步发展奠定基础。

（二）数据采用型

在数据采用型阶段，企业已经建立了基本的数据收集和管理体系，开始更系统地使用数据来支持业务决策。企业领导和员工已经认识到数据分析的重要性，并开始投资数据分析工具和技术的采购和应用。数据被视为业务优化和创新的重要资源，开始在一些关键的业务领域和决策场景中发挥作用。数据采用型阶段的企业需要继续加强数据管理和分析能力的建设，推广数据分析应用，培养更多的数据分析人才，加深对数据的理解和应用，为进一步提升数据文化的成熟度做好准备。

（三）数据成熟型

在数据成熟型阶段，企业已经拥有较为完善的数据管理体系和数据分析能力，数据已经成为企业核心竞争力的重要组成部分。企业领导和员工对数据的理解和应用已经相对成熟，企业已经能够通过数据分析来优化业务流程，提高效率和效益，推动创新和发展。数据成熟型阶段的企业需要进一步优化数据管理和分析流程，加强数据安全和隐私保护，继续培养数据分析和数据应用人才，确保数据能够持续为企业创造价值。

（四）数据领先型

在数据领先型阶段，企业已经具备了先进的数据管理和分析体系，数据已经成为企业的核心资产和核心竞争力。企业领导和员工已经具备深刻的数据思维，能够充分利用数据来驱动决策和创新。企业能够通过数据分析来预测市场变化，优化产品和服务，提高客户满意度和市场份额。数据领先型阶段的企业通常具备较强的市场领导地位和竞争优势，能够不断通过数据分析和数据应用来推动企业的持续创新和发展，促进企业的长期发展。

三、内部审计数据文化的培育策略

（一）提升领导层对数据文化的认知和支持

首先，领导层需要有清晰的数据视野和战略思考。他们需要了解数据在业务决策、竞争、创新等方面的作用，了解数据文化在企业转型和发展中的关键地位。只有充分认识到数据的价值，领导层才能为数据文化的建设提供明确的方向和战略支持。

其次，领导层需要有决心和勇气推动数据文化的改革。数据文化的推动往往伴随着各种挑战和阻力，如数据的质量问题、员工的抵制情绪、资金的限制等。领导层需要有足够的决心，勇于面对和解决这些问题，才能推动数据文化深入发展。

最后，领导层还需要具备良好的数据素养和示范行为。他们不仅要提倡数据驱动的决策，还要在实际行动中使用数据，体现出对数据的尊重和依赖。他们的示范行为将对全体员工产生深远影响，有助于形成一种强大的数据氛围。

（二）宣传数据文化理念

宣传数据文化理念是内部审计数据文化建设的首要任务，其核心目的是引导企业全体员工实现从传统审计思维向数据驱动思维的转变。为了实现这一目标，企业可以将数据资产理念纳入企业文化的核心组成部分，通过多种现代通信和社交媒体渠道，如微信群、公众号、微视频、快手、抖音、报刊、文化墙和宣传栏等，将数据文化的重要性和价值传达给所有员工。例如，企业可以定期编制并发布数据工作简报，通过自动化办公软件、电子邮件等内部渠道，将数据相关工作的最新进展、监管动向、最新制度，以及数据应用的优秀案例等信息，分享给全体员工。这些活动不仅能够帮助员工更好地了解数据的重要性和价值，还能激发他们对数据资产的关注和讨论，从而树立“数据是企业重要资产”的共同理念。通过持续的宣传和推广，企业可以逐渐培养和强化员工的数据意识和数据思维，为内部审计数据文化的深入发展和应用奠定坚实的基础。同时，这有助于推动企业内部审计工作的现代化和数字化转型，提高内部审计的效率和效果，为企业的持续发展和风险管理提供有力支持。

（三）制定数据奖惩机制

企业应加强绩效管理，通过鼓励员工运用技术和工具解决业务问题，以及有效利用数据推动业务发展，从而强化员工的用数意识。为实现这一目标，企业可举办“金点子”大赛，也可以开展年度优秀员工评比等活动，以奖励那些积极使用数据并为企业做出贡献的员工、提出优秀建议并被采纳的员工。同时，企业应鼓励员工树立数据应当真实客观的理念，确保数据的质量和安全。在数据录入、数据采集和数据应用等环节，如果出现数据质量和数据安全问题，应对相应的员工采取必要的惩罚措施。通过这样的奖惩机制，企业可以促使员工建立依规用数、科学用数的职业操守，避免数据违规、违法行为的发生。只有对员工基于数据采取的行为进行明确的奖惩，才能真正推动企业内部审计数据文化的建立和发展，从而实现企业文化的转变，为企业的内部审计工作提供有力的支持，促使企业高效、科学、规范地开展内部审计工作。

（四）持续监测和改进

内部审计数据文化的培育是一个持续发展和完善的过程。企业应定期评估内部审计数据文化的发展情况和效果，识别存在的问题和不足，制定相应的改进措施。例如，可以通过问卷调查、员工访谈和数据分析等方式，收集员工对数据文化的认识和应用情况，了解数据文化在实际应用中的效果和价值。基于评估结果，企业可以持续优化数据文化的宣传策略、培训内容、技术支持和应用实践，不断推动内部审计数据文化的发展和应用，为企业的内部审计工作提供持续的支持和保障。

第二节　内部审计机构建设实践

一、内部审计机构组织形式的选择

内部审计机构常见的组织形式笔者已在第二章阐述过，企业可结合自身的规模和运营特点选择内部审计机构的组织形式。一般来说，规模较小、业务简单的企业可以只设内部控制审计部，对董事长负责；规模较大、经济业务复杂的企业可同时设立审计委员会和审计部，分别对董事长和总经理负责，同时审计委员会负责对审计部进行相关业务指导。

二、内部审计机构的岗位设置和职责划分

（一）岗位的具体设置与职责分配

内部审计数字化转型背景下，内部审计机构需要设置以下岗位。

1. 审计长

（1）负责整个部门的行政事务并接受上级领导。

（2）制定审计政策与整体审计计划并积极推动实施。

（3）核准审计报告。

（4）协调与政府审计和民间审计的关系。

2. 审计经理

（1）负责单位或地区的部门行政工作。

（2）协调与其他部门的关系。

（3）在职责范围内制订审计计划。

（4）制定审计作业考核标准与审计手册。

（5）改进审计方法，提高审计效率与质量。

（6）确定审计风险与重要性水平。

（7）复核审计报告并提交审计长。

（8）负责推动内部审计的数字化转型，包括技术选型、系统实施和团队培训等。管理数字审计项目，确保审计工作的准确性和效率。

3. 高级审计人员

（1）拟订具体审计计划、审计任务与审计进度，指挥审计小组作业。

（2）归集、分析、判断审计资料，提出审计建议，改进审计程序与方法。

（3）复核工作底稿与审计日志，草拟审计报告。

（4）考核审计人员绩效。

4. 一般审计人员

（1）执行高级审计人员分配的任务，进行现场作业。

（2）编制工作底稿、审计日志、控制作业进度。

（3）就审计过程中发现的问题报告上级并提出建议。

（4）就其审计工作的范围草拟相关报告。

5. 数据分析师

（1）负责审计数据的收集、清洗和分析，以支持审计决策和发现问题。

（2）开发和维护数据分析模型和工具，以提高审计的效率和质量。

6. 审计系统管理员

（1）负责内部审计系统的配置、维护和优化，以确保系统的稳定性和可用性。

（2）提供系统技术支持，解决审计人员在使用系统时遇到的技术问题。

7. 网络安全和合规专家

（1）负责评估审计对象的网络安全和合规风险，提供专业建议和解决方案。

（2）执行网络安全审计，确保企业的信息安全和数据保护。

8. 审计技术支持人员

（1）提供审计技术支持，包括系统操作培训、问题解决和技术咨询等。

（2）协助审计人员使用数字工具和技术，以提高审计的效率和质量。

9. 智能审计开发者

（1）负责开发和维护智能审计工具和应用，如机器学习模型、智能合约审计等。

（2）与数据分析师和审计人员合作，以确保智能审计工具的准确性和有效性。

（二）设置岗位时应注意的事项

1. 系统开发及软件维护人员与系统操作人员职务要分离

在组织内部审计的数字化转型过程中，确保系统的完整性和安全性是至关重要的。分离系统开发及软件维护人员与系统操作人员的职务是一种有效的内控机制，能够降低错误和滥用的风险。系统开发及软件维护人员主要负责系统的设计、开发和维护，能够确保系统的正常运行和持续优化。而系统操作人员则主要负责系统的日常操作和使用，他们通过系统执行审计任务，收集和分析数据，提供审计报告。通过分离这两类职务，可以确保系统的完整性和安全性，防止潜在的冲突和滥用。例如，系统开发及软件维护人员可能会有能力修改系统的数据和配置，如果他们同时负责系统的操作，可能会存在篡改数据或掩盖错误的风险。同时，这种分离也有助于确保系统的透明度和可审计性，从而防止单一人员或团队同时控制系统的开发、维护和操作。通过明确的职责划分和相应的监控措施，企业可以降低内部审计的风险，提高审计的效率和质量，确保数字化转型的成功。

2. 专职内部审计人员与系统操作使用人员职能的划分

专职内部审计人员与系统操作使用人员的职能划分有助于确保审计活动的有效性和审计质量。专职内部审计人员主要负责审计计划的制定、审计程序的执行、审计报告的编写和审计建议的提供等，他们需要具备审计知识、风险评估能力和分析判断能力，以确保准确、完整地评估被审计对象的风险和控制效果。而系统操作使用人员主要负责审计系统的日常操作、数据输入和数据处理等，他们需要熟悉系统的操作流程和功能，以确保数据的准确性和完整性。通过明确的职能划分，可以避免职责重叠和冲突，提高工作效率和质量。例如，专职内部审计人员可以专注于审计活动的设计和执行，而不需要关心系统的操作和维护，而系统操作使用人员可以确保数据的准确输入和处理，为审计提供必要的数据支持。此外，这种职能划分也有助于确保审计的独立性和客观性，因为它可以防止审计人员受到系统操作的影响或干扰。同时，这种职能划分为审计活动的持续改进和优化提供了基础，因为它可以帮助企业明确各类人员的培训和发展需求，以提高审计的效率和质量，为企业的风险管理和控制提供有力支持。

三、内部审计机构的管理模式

（一）分级管理

分级管理是一种适用于具有多个子公司或分支机构的集团企业的内部审计管理模式。在分级管理模式下，集团总部和下属企业分别设置内部审计机构，根据各自的实际情况开展内部审计工作。各内部审计机构的人员由所在单位管理，只对本单位负责，并向本单位报告，而总部仅在审计业务方面提供指导。这种模式的主要特点是管理权限下放，使得下属企业能够自主安排和管理内部审计工作，适应各自的业务特点和风险环境。分级管理模式有助于提高审计的效率和针对性，因为各单位的内部审计机构能够根据本单位的实际情况制订和执行审计计划，更好地识别和应对本单位的风险和问题。同时，这种模式有助于激励下属企业的内部审计人员，因为他们能够直接参与本单位的审计决策和管理，更好地了解和应对本单位的审计需求。然而，分级管理模式也可能导致审计标准和质量的不一致，因为各单位的内部审计机构可能会有不同的审计准则和程序，且总部对下属企业的审计业务只能提供有限的指导和支持。为了克服这些挑战，可能需要在总部设立一个审计协调和监督机制，以确保集团内部审计的统一和协调。

（二）双重管理

双重管理模式是一种在集团总部和下属企业之间实现内部审计管理协调和监督的模式。在此模式下，集团总部和下属企业分别设立内部审计机构，而下属企业的内部审计机构受到总部和所在单位的双重管理。总部主要负责审计业务的指导和监督，包括委托下属企业开展内部审计业务、对下属企业内部审计机构进行绩效考核，以及对其人员有一定的调配权限。而下属企业主要负责日常的行政管理，以确保内部审计机构的正常运行和支持。这种模式的主要特点是管理权限有限下放，集团总部主导业务管理，下属企业主导日常行政管理。双重管理模式有助于实现集团内部审计的统一和协调，因为总部可以通过对下属企业内部审计机构的业务指导和监督，确保审计活动的准确性和一致性，并通过绩效考核和人员调配，实现对下属企业内部审计机构的有效管理和支持。同时，下属企业能根据自身的实际情况和需求，自主管理内部审计机构的日常运行和行政事务。通过这种双重管理模式，企业可以在确保内部审计统一和协调的同时，能满足下属企业的实际需求，提高内部审计管理的效率和效果。

（三）派驻管理

派驻管理模式是一种集中和垂直的内部审计管理模式，它以总部的直接管理和监督为原则。在这种模式下，总部设置内部审计机构，并向下属企业派驻内部审计分支机构。这些分支机构按照总部的要求执行审计计划，并向总部报告审计结果。分支机构的人员直接接受总部管理，而驻地公司只提供必要的行政和后勤服务。派驻管理模式的主要特点是，派驻机构主要为驻地公司提供审计服务，但是由集团总部直接管理和监督。这种模式有助于确保审计活动的统一和标准化，因为所有的审计计划、程序和报告都需要按照总部的要求来执行和编制。同时，总部对派驻机构的人员有直接的管辖权，可以确保审计人员的专业性和独立性，防止其受到驻地公司的影响或干扰。此外，派驻管理模式也有助于加强对下属企业的审计监督，因为总部可以通过派驻机构了解和控制下属企业的风险和问题，及时发现和处理潜在的风险。然而，这种模式可能会增加管理的复杂度和成本，因为总部需要对多个派驻机构进行管理和协调，同时可能影响到派驻机构与驻地公司的沟通和合作。为了克服这些挑战，可能需要在总部和派驻机构之间建立有效的沟通和协调机制，以确保审计活动的顺利进行。

（四）集中管理

集中管理模式是一种高度标准化和集约化的内部审计管理模式。在此模式下，集团总部负责组织实施整个集团公司的内部审计业务，包括审计计划的制订、审计程序的执行、审计报告的编写和审计建议的提供等。这种模式主要体现了对内部审计活动及内部审计人员的高度标准化和集约化管理，以确保审计的准确性、一致性和效率。集中管理模式有助于实现集团内部审计的统一和协调，因为总部可以通过集中管理和指导，确保所有的审计活动都按照统一的审计准则和程序来施行。同时，集中管理模式有助于提高审计的效率和质量，因为总部可以通过集中的资源和专业的团队，促进审计活动的专业化和标准化。此外，集中管理模式也有助于加强对下属企业的审计监督，因为总部可以通过集中的审计机构，对下属企业的风险和控制进行全面评估和监控。然而，集中管理模式也可能导致管理烦琐和沟通困难，因为总部需要对多个下属企业进行统一的审计管理和协调，可能影响到审计机构对下属企业的了解。为了应对这些挑战，可能需要在总部和下属企业之间建立有效的沟通和协调机制，以确保审计活动的顺利进行。

第三节　内部审计制度建设实践

一、内部审计制度建立的意义与原则

（一）建立内部审计制度的意义

1. 提供数字化转型的框架和指导

内部审计制度可以为企业的数字化转型提供必要的框架和指导，确保数字化转型的方向和目标与企业的整体战略和风险管理要求相一致。通过明确的制度规定，企业可以确保在数字化转型过程中，所有的活动和决策都符合相关的法律法规和标准要求，避免可能出现的合规风险。

2. 优化和监控数字化转型的进程

内部审计制度能够通过对企业的数字化转型活动进行持续监控和评估，帮助企业及时发现和解决可能出现的问题，确保数字化转型顺利进行。通过对数字化转型的效果进行评估，企业能够了解数字化转型的效益和影响，为未来的转型活动提供有益的参考和经验。

（二）内部审计制度的建立原则

内部审计制度可指导和规范企业在内部审计数字化进程中的操作和决策。为了确保这一制度真正为企业带来预期的效益，必须基于一系列

明确且实用的原则来进行构建。[①] 以下几个原则为此提供了核心的指导和思路，如图 7-2 所示。

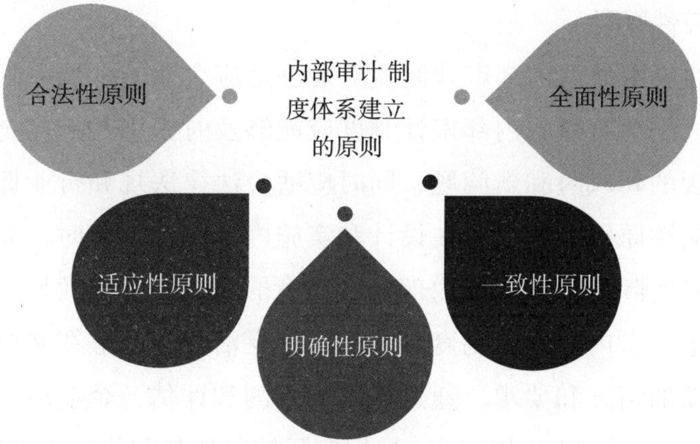

图 7-2　内部审计制度体系的建立原则

1. 合法性原则

合法性原则是内部审计制度建立的基础，强调企业内部审计活动必须遵循国家法律、法规及相关行业标准，确保所有审计程序和结果的合法性。通过遵守合法性原则，企业不仅能够保证内部审计活动的合规性，避免法律风险，还能增加内部审计的公信力和权威性。合法性原则要求企业在建立内部审计制度时，充分考虑国家法律法规和行业规定的要求，确保内部审计制度与之相符合，并在执行内部审计活动时，严格按照相关法律法规和企业内部审计制度的规定进行。此外，合法性原则还要求内部审计人员具备相应的法律知识和意识，能够准确理解和应用法律法规，确保在审计过程中的每一个环节都能符合法律的要求。同时，企业应建立完善的法律顾问和培训机制，以确保内部审计人员能够及时了解和掌握相关法律法规的更新，保障内部审计活动的合法性。通过遵守合

① 刘雪梅．信息化环境下推进会计制度实施工作的探析 [J]. 老字号品牌营销 ,2022(11):60-62.

法性原则，企业能够为内部审计提供坚实的法律基础，促进内部审计的健康发展，提高企业的法律风险防控能力。

2. 适应性原则

适应性原则强调内部审计制度应能够适应企业的发展需求和外部环境的变化。一个有效的内部审计制度应能够及时识别和响应企业运营和管理中出现的新风险和新问题，同时应适应法律法规和行业标准的更新变化。适应性原则要求企业在设计和实施内部审计制度时，充分考虑企业的特点和实际情况，确保内部审计制度的适用性和实效性。此外，适应性原则也要求内部审计制度具备一定的灵活性，能够在必要时进行调整以适应新的情况和要求。通过持续的监测和评估，企业应及时发现内部审计制度的不足和改进空间，根据实际情况调整和优化内部审计制度，以确保其始终能够满足企业的审计需求和风险管理目标。遵循适应性原则有助于内部审计制度保持活力，进而支持企业的持续改进和发展。

3. 明确性原则

明确性原则强调内部审计制度在内容和要求上应当具有清晰、明确的表述，避免模糊和歧义。这意味着制度的每一个部分都应该表达得简洁明了，使所有的内部审计人员和相关的利益方都能清晰地理解其内容和目的。遵循明确性原则可确保所有涉及内部审计操作的员工都能够按照预期的方式执行其职责，避免因误解或不明确的指导而产生的错误。同时，明确的制度为企业提供了一种有力的管理工具，可以确保内部审计工作的准确性、完整性和及时性。为实现明确性，制度制定者应用专业的语言和格式进行表述，避免使用复杂的术语和过于技术性的描述，并定期对制度进行审查和更新，确保其与时俱进。

4. 一致性原则

一致性原则要求内部审计制度在整个企业内部保持统一的标准和流程。这确保了不同部门、团队或个人在执行相同的内部审计任务时，都遵循相同的规定和流程。不一致的制度可能导致工作的重复或遗漏，从而影响内部审计工作的质量。为了实现一致性，企业应该制定统一的内部审计政策、准则和操作手册，并对所有内部审计人员进行统一的培训和考核。

5. 全面性原则

全面性原则要求内部审计制度覆盖企业的所有业务领域和关键流程，确保无论是战略层面还是操作层面的风险和控制都能得到有效的评估和监控。全面性原则强调，在制定内部审计制度时，应考虑到企业的各种风险因素和潜在问题，确保内部审计能够全面、准确地反映企业的实际情况。此外，全面性原则还要求内部审计具备前瞻性和预见性，能够识别和应对未来可能出现的风险和挑战。遵循全面性原则有助于企业建立一个健全、有效的内部审计制度体系，为企业的风险管理和持续改进提供有力支持。同时，全面性原则有助于提高内部审计的效率和质量，确保内部审计为企业的决策提供全面、准确和及时的信息支持。通过践行全面性原则，企业能够实现对内部控制和风险管理的全方位监控，确保企业的战略目标能够得到有效实施，为企业的长期发展提供坚实的保障。全面性原则对于确保内部审计的有效性和企业的风险管理具有重要意义，是内部审计制度体系建立和完善的重要参考。

二、内部审计制度建立的方式与程序

（一）内部审计制度建立的方式

建立内部审计制度时，要结合审计人员的业务素质、知识水平采用相应的方式，具体包括自行建立、委托建立、联合建立三种。

1. 自行建立

自行建立是指企业依靠内部资源和力量，独立完成内部审计制度建设。这种方式主要依赖企业内部的审计人员和管理人员，他们需要具备一定的审计知识、经验和能力，以确保内部审计制度的科学性和实用性。自行建立的主要优势是能够确保内部审计制度与企业的实际情况和需求相符，同时有助于提高内部审计人员的专业能力和责任心。企业可以根据自身面临的风险和管理需求，定制适合自己的内部审计制度，为风险管理和持续改进提供有力支持。然而，自行建立也存在一定的挑战和风险，如可能会因为内部审计人员的知识和经验不足，而无法建立完善的内部审计制度。同时，自行建立可能会消耗较多的时间和资源，尤其是在企业内部审计人员不足或缺乏相关经验的情况下。因此，在选择自行建立的方式时，企业需要充分评估自身的条件和能力，确保能够有效地完成内部审计制度的建设。自行建立方式是一种对企业内部资源和能力要求较高，但也能够更好地满足企业个性化需求的内部审计制度建立方式。

2. 委托建立

委托建立是指企业将内部审计制度建设任务委托给外部的专业机构或顾问，由他们负责设计和构建符合企业需求和法规要求的内部审计制度。这种方式主要适用于缺乏内部审计经验或资源的企业，基于外部专业力量的支持，企业能够快速、高效地建立起符合标准的内部审计制度。委托建立的主要优势是能够利用外部专家的知识和经验，提高内部审计制度建设的质量和效率，同时能够为企业的内部审计人员提供学习和交流的机会。通过委托建立，企业可以获得外部专家的客观意见，有助于避免内部偏见和误解，提高内部审计制度的公信力和有效性。然而，委托建立也存在一定的风险和缺点，如外部专家可能不了解企业，从而构建不适用的内部审计制度，同时可能导致企业成本增加。在选择委托建立的方式时，企业需要充分考虑自身的条件和需求，选择合适的外部机构和顾问，确保能够建立高质量和实用的内部审计制度。另外，企业应与外部机构和顾问保持良好的沟通和合作，确保内部审计制度建设符合企业的实际情况和长期发展目标。

3. 联合建立

联合建立是指企业内部审计人员与外部专业机构或顾问共同参与内

部审计制度建设，通过内外部资源的整合和协作，促进内部审计制度体系的高效建立和持续优化。在这种模式下，企业可以充分利用外部专家的知识和经验，也能确保内部审计制度与企业的实际情况和需求相匹配。联合建立的主要优势是能够实现内外部资源的有效整合，提高内部审计制度建设的质量和效率，同时有助于提高企业内部审计人员的专业能力。通过联合建立，企业可以在外部专家的指导和支持下，快速建立起符合企业需求的内部审计制度，也能确保内部审计人员能够掌握和应用新的审计方法和技术。然而，联合建立也需要企业投入一定的时间和资源，以确保内外部团队的有效协作和沟通。在选择联合建立的方式时，企业需要选择合适的外部机构和顾问，并建立有效的沟通和协调机制。联合建立方式是一种综合利用内外部资源，促进内部审计制度高效建立和持续优化的有效途径。

（二）内部审计制度的建立程序

1. 前期准备

前期准备是内部审计制度建立过程中的首要阶段，它为后续的制度设计和实施奠定基础。

（1）分析和了解企业情况。在前期准备阶段，需要对企业的业务特点、组织结构、管理需求和风险特征进行深入分析和了解。这有助于确保内部审计制度的建立能够符合企业的实际情况和需求。

（2）明确建立目标。需要明确内部审计制度建立的目标、范围和任务，以便为后续的制度设计和实施提供明确的指导。明确的目标有助于制度建设保持正确的方向和重点，并确保最终的制度发挥预期作用。

（3）组建建设团队。确定内部审计制度建设团队和责任人，确保有专门的人员负责推进制度建立。建设团队应具备一定的审计知识和经验，以确保制度的科学性和实用性。

（4）资源准备。准备制度建立所需的资源，包括资金、时间和技术支持等。充足的资源支持是确保制度建立顺利进行的重要条件。

2. 需求分析

需求分析是内部审计制度建立过程中的关键步骤，它旨在明确企业内部审计的具体需求和期望，为后续的制度设计和实施提供准确的指导。

（1）收集审计需求。通过访谈、问卷调查或会议等方式，收集企业各级管理人员、内部审计人员和其他相关人员对内部审计制度的需求和期望。这有助于确保制度满足企业的实际需求。

（2）分析风险和控制。对企业的主要风险和现有控制措施进行分析，以确定内部审计制度关注的重点领域和关键控制点。

3. 制度设计

制度设计是内部审计制度建立过程中的核心环节，它涉及内部审计制度的基本框架、内容和要求的明确。

（1）设计基本结构。设计内部审计制度的基本结构，包括审计的目标、范围、责任、方法、程序和评价标准等，确保制度的完整性和科学性。

（2）明确审计原则和方法。明确内部审计的基本原则和方法，包括风险评估、审计准备、审计实施、审计终结和后续审计等，为审计人员提供明确的操作指南。

（3）设定审计程序和标准。设定内部审计的具体程序和标准，包括审计的具体步骤、时间安排、资源需求和评价准则等，确保审计活动的准确性和有效性。

制度设计阶段的工作质量直接影响内部审计制度的有效性和实用性。通过科学的制度设计，企业能够为内部审计提供明确的指导和规范，确保审计活动的准确性、有效性，进而促使企业实现风险管理和控制目标。同时，合理的制度设计有助于提高内部审计的效率和质量，为企业的长期发展提供坚实的支持。制度设计是内部审计制度建立过程中的重要环节，应充分考虑企业的实际情况和需求，确保制度的科学性和实用性。

4. 制度编写

制度编写是根据已完成的制度设计结果，将设计内容转化为书面文件，以明确和指导内部审计活动。

（1）编写审计手册。根据制度设计的框架和要求，编写内部审计工作手册，包括审计的目标、责任、程序、标准等，为审计人员提供具体的操作指南。

（2）制定审计表格和模板。制定内部审计所需的各种表格和模板，如审计计划表、审计检查表、审计报告模板等，以确保审计活动的标准化和规范化。

5. 制度审核和批准

制度审核和批准是确保内部审计制度质量和符合企业需求的重要环节。

（1）通过内部或外部专家对内部审计制度进行审核和评估。①选择具有丰富经验和专业知识的内部或外部专家进行审核，确保审核活动的质量和效果。②审核的内容包括制度的完整性、合法性、适用性和实用性等，方法包括文档审核、访谈和现场检查等。③审核评估制度是否能有效支持企业的风险管理，是否符合法律法规和行业标准的要求。④完成审核后，应提供详细的审核报告和优化建议，为后续的制度调整和优化提供参考。

（2）根据审核结果进行调整，直至获得相关负责人的批准。①分析审核报告和建议，确定制度的优缺点和改进方向。②根据审核结果，制定具体的制度调整方案，明确调整的内容、方法和时间安排。③按照调整方案，进行制度调整和优化，确保制度的完善和有效。④调整完善后的制度内容应提交给企业的相关负责人，以获得他们的批准和支持，确保制度正式生效和实施。

通过制度审核和批准环节，企业能够确保内部审计制度的质量和适用性，避免制度设计和编写过程中出现问题。同时，有效的审核和批准有助于提高制度的公信力和可接受度，为内部审计的成功实施和持续改进提供有力支持。

三、内部审计制度的具体设计

为了保证内部审计部门能够正常、有序地开展内部审计工作，内部审计制度应当具备至少以下三个层次。

（一）内部审计章程

内部审计机构应当制定内部审计章程。章程应当采用书面形式对内部审计活动的目标、权限和职责进行正式规范，并报经董事会或最高管理层批准。内部审计章程应包括以下主要内容。

（1）内部审计部门的宗旨。

（2）内部审计部门在组织中的地位及其模式。

（3）内部审计部门的报告制度。

（4）内部审计部门与本单位所属单位内部审计机构或内部审计人员的关系。

（5）内部审计人员的条件。

（6）内部审计部门的职责。

（7）内部审计部门的权限，授权内部审计人员接触与开展业务相关的记录、人员和实物资产。

（8）内部审计活动的程序。

（9）内部审计活动的管理制度。

（10）内部审计活动的业绩评价及奖惩制度。

（11）内部审计部门在制定与本单位内部审计工作有关的规章制度方面的权限与程序。

内部审计章程有助于定期评估内部审计活动的宗旨、权力和职责是否适当，以确立内部审计活动的作用并为管理层和董事会提供评价这一职能开展情况的依据。如果出现问题，内部审计章程也能提供与管理层和董事会达成的关于内部审计活动在组织中作用和职责的正式书面协议。

（二）内部审计操作性制度

内部审计操作性制度根据企业内部审计章程的规定制定，为内部审计活动提供了具体的操作指南和规范，确保内部审计能够有效、准确地助力企业风险管理和控制目标实现。内部审计操作性制度主要包括操作管理制度、内部审计业务程序管理制度、审计档案管理制度等。

1. 操作管理制度

操作管理涉及对计算机及内部审计数字化平台运行的细致管理工作。操作管理可确保根据规定录入数据、各子模块顺利运行、输出多种信息，并在需要时进行数据备份和故障恢复，从而保障计算机系统的安全、高效和正常运行。操作管理制度主要分为操作权限和操作规程两大部分。

（1）操作权限。操作权限明确了系统各类操作人员能够进行的操作范围。

①内部审计人员在输入凭证数据时，需确保严格按照凭证进行。一旦发现误差，应在复核前及时更正或通报系统管理员。对于已经输入的数据，如发现误差，业务操作员有权在登账前进行更正。如果误差是在登账后发现的，需要另做冲账凭证并输入计算机。

②非软件维护人员不能直接操作数据库，禁止随机增删和修改数据、源代码和数据库结构。

③软件开发人员禁止进入实际的内部审计系统进行操作。

④系统的软件和开发文档都由系统管理员负责，由特定人员保管。除非得到系统管理员的允许，其他人员不能复制、修改或借出这些文档。

⑤所有存档的数据介质、账目、凭证等文档都应由档案管理员按规定复制、核对和保管。

⑥系统维护人员则必须按照相关的维护规定操作。

（2）操作规程。操作规程可对操作运行系统中的要点进行指引，以保证系统的正确和安全运行，防止各种错误。

①所有操作人员在上机前后都应进行上机操作登记，记录姓名、上下机时间和操作内容，供系统管理员核查。

②操作人员应保密操作密码，避免泄露。

③操作人员必须严格遵循操作权限，不得超出权限或擅自进行操作。

④操作完毕后，必须及时完成所有必要的备份工作，以防数据被意外破坏。

⑤未经许可，操作人员不得使用格式化、删除等命令或功能，更不应使用系统级工具来分析或修改系统参数。

⑥为了预防计算机病毒，操作人员应避免使用不明来源的存储介质，禁止进行任何非法复制操作。

2. 内部审计业务程序管理制度

（1）制订内部审计项目计划。审计部门根据公司的实际情况与当年的经营计划，于每年初 20 个工作日内制订内部审计项目计划。

（2）签发内部审计通知书。审计部门填制内部审计通知书，并在实施审计前三天，将内部审计通知书送达被审计单位。

（3）成立审计小组。审计部门根据内部审计项目计划，选派审计人员组成审计小组，并指定主审人员，审计小组实行主审负责制。必要时，可申请其他专业人员参与审计或提供专业建议。

（4）确定审计方式。审计部门可以采取就地审计和送达审计方式；根据工作进度安排，可以实行年度定期审计和年中不定期审计，各被审计单位应按规定报送月、季、年度财务报表及相关资料。

（5）实施审计。审计小组依据内部审计项目计划开展工作，并由主审人员负责安排相关人员具体审计。

（6）提交审计报告。审计小组在实施审计过程中如果发现问题，可随时向有关单位和人员提出改进建议。审计终结后，可依据审计工作底稿做出审计报告，征求被审计单位意见后，报送公司分管领导。审计报告中包含其他部门工作所需要的资料与内容的，应在分管领导批准后分发给相关部门。

（7）做出审计决定。审计部根据审计报告做出审计决定或提出审计意见书，报公司分管领导批准后送达被审计单位，被审计单位应当签收审计决定或审计意见书，并执行审计决定。

（8）审计决定复议。被审计单位对审计意见书或审计决定如有异议，应在接到审计意见书或审计决定之日起三天内以书面形式向审计部门提出，审计部应及时处理，无法处理的应及时上报公司分管领导决定。

（9）后续审计。对主要项目进行后续审计，检查被审计单位对审计意见书的采纳及审计决定执行情况和效果。

3. 审计档案管理制度

（1）存档的手续。各种审计手续（如打印输出的账表）在存档之前，必须得到审计主管和系统管理员的签章认可。

（2）要有各种安全措施，如备份光盘应附有保护标签，并应存放在安全、清洁、防热、防潮的环境中，以确保数据的长期安全存储。

（3）档案管理员的职责和权限需被明确，确保每一份档案都得到妥善管理。

（4）档案的分类管理方法。根据档案的性质和用途，将档案分类并加以组织。如此，可以确保快速、准确地检索所需档案。分类时通常要考虑文件的来源、内容、用途或其他特定标准，使管理和检索过程更为简便。

（5）档案使用的各种审批手续。当需要调用特定档案，如源程序时，必须得到相关负责人的批准。每次档案的调用都应有详细的记录，包括调用者姓名、调用内容及预期的归还日期，从而追踪档案的使用情况，减少失误或遗失的风险。

（6）各类文档的保存期限及销毁手续。每类文档都有其规定的保存期限，需要按照特定期限进行保管。达到期限后，文档需经过严格的销毁流程，确保信息不被误用或泄露。

（7）档案的保密规定。为防止不当使用或滥用，规定中应明确任何伪造、非法修改、故意破坏数据文件等行为，都会受到相应的处罚。

（三）责任追究制度

责任追究制度是一种事后补救的质量控制措施，建立目的在于促使各级内部审计人员明确各自责任，强化责任意识，降低审计风险。实施责任追究制度，在对违规者进行处罚的同时，也可对遵循者实施保护，是确认和解除审计人员审计责任的一种有效机制。下面举例说明几个具体的责任追究制度。

（1）若内部审计人员在执行审计工作时违反了审计准则和程序，应根据违规的严重程度进行相应的处罚，如警告、记过、降级或解雇。

（2）若内部审计人员的失误导致审计结果不准确或不完整，应追究其责任，并要求其纠正错误，并可能需要进行相应的培训和考核。

（3）若内部审计人员在执行审计工作时遗漏了重要的审计信息，导致审计结果不准确，应追究其责任，并要求其重新执行审计工作。

（4）若内部审计人员泄露了企业的保密信息，应追究其法律和纪律责任，并要求其赔偿企业因信息泄露而产生的损失。

（5）若内部审计人员未能按照审计计划的时间安排完成审计任务，应追究其责任，并要求其尽快完成未完成的审计任务。

（6）若被审计单位或个人不合作或阻碍内部审计人员执行审计工作，应追究其责任，并可能需要报告给高层管理人员或相关部门。

四、内部审计制度的实施策略

（一）内部审计制度的学习与培训

完成内部审计制度建设工作后，制度的公布与实际执行之间应该有一段时间间隔，为制度的学习与培训留出充足的时间。这期间，制度建立部门需要向相关部门提交预定参与学习与培训的人员名单，主要包括内部审计部门的工作人员以及相关的维护人员。这些人员在培训中不仅要深入理解制度的内容，还要掌握制度所涉及的各种操作技能。

在学习与培训的过程中，培训者和学员之间的互动十分重要，学员的意见和建议是制度完善的重要参考。学员对制度的意见、疑问或建议应当被反馈到制度建立部门。这种反馈不仅有助于发现制度中的不足之处，还为制度的调整与修改提供了宝贵的指导。

在经过反馈调整后，制度最终可以正式发布给全企业，而对于某些部门或个别人员，可能需要制定更为明确或特定的学习要求，确保他们能够准确、高效地执行新的内部审计制度，从而确保企业审计工作规范、高效地进行。

（二）内部审计制度的执行监督

内部审计制度的执行监督是确保内部审计工作按照既定制度规范进行的关键环节。为了确保内部审计制度的规范执行，企业需设置特定部门来进行定期检查与抽查。由于涉及的业务范围广泛，所以监督的工作量较为庞大。为了确保监督工作的有效性，且不被人员数量或人员素质所限制，企业可考虑在其内部设立专门的监督投诉专栏。这样，所有员工都可以针对监督管理部门在执行制度考核时的表现提出自己的意见或异议。当然，单纯的投诉机制并不足以保证制度的规范执行。监督管理部门对于投诉专栏中提出的所有意见都需要进行认真的调查与核实。这一过程中，需要与相关部门或员工进行沟通，了解具体的执行情况，进而进行必要的调整。这样既确保了内部审计制度的有效执行，也维护了整个组织的公平性和公正性。

（三）对内部审计制度执行监督的监控

对内部审计制度执行监督的监控是一个进一步确保内部审计制度得到规范执行的环节。通过设立考核执行监控组，可以有效地对执行监督进行二次监察。监控组的主要职责分为两方面。一方面，它需要对监控组自身的执行情况进行内部审查，确保其对投诉专栏中的意见都进行了详细跟踪和调查，并对存在的疏漏进行了核查。另一方面，监控组还要负责对考核过程中的弹性问题进行核查，进而增强考核执行的准确性。这意味着监控组不仅要关注执行情况，还要关注执行的质量，确保考核结果真实、公正、准确。

为了确保监控组的公正性和独立性，组建的时候可选择员工中敢于挑战和质疑的人员。这些员工不仅要对企业有高度的忠诚度，还要有独立、客观的审查能力。将这样的员工组织成一个虚拟的团队，不仅能够增强团队的凝聚力，还能够确保其工作的独立性和公正性。

（四）内部审计制度的定期完善

随着时间的推移和业务的发展，原有的内部审计制度可能无法完全满足当前的操作和管理要求。通过执行过程中的监督和监控活动，企业可以及时发现并识别制度中的缺陷或不足之处。这些发现将成为完善制度的重要参考。制度建立部门在收到相关的反馈后，需对现有制度进行深入的分析，并针对性地进行修订和优化，以确保制度能够满足当前的管理需求。① 因此，周期性的审查、修订和完善，不仅确保了制度的实际应用性和有效性，还有助于企业持续提高内部审计工作的水平。

第四节　内部审计数字化人才培养实践

一、内部审计数字化人才培养面临的挑战

数字经济的高速发展推动了产业结构的升级，同时促进了人才就业市场的改变，对人才综合素质提出了更高的要求，催生出新的数字化人

① 王盛．财务管理信息化研究 [M]. 长春：吉林大学出版社，2020：227-228.

才需求。但实际当中，内部审计数字化人才培养面临较大挑战。

（一）内部审计人员数据敏感度不足

内部审计人员虽然经常需要处理大量数据，但他们对数据的敏感度不足，往往重视核算而轻视分析。这种倾向可能会导致对数据背后的问题挖掘不足，无法深入了解和发现企业运营中可能存在的问题和风险。对数据的浅层处理往往只能得出表面的结论，而对数据的深入分析和挖掘则能帮助企业更好地了解自身的运营状态和潜在风险，从而做出更为明智的决策。

（二）企业缺乏明确的转型规划

对于内部审计数字化人才的转型规划，许多企业的管理层尚未制定具体的策略和计划。这种情况使得大部分财务人员只能自行探索数字化转型的路径。缺乏明确的转型规划不仅会影响内部审计人才的培育和发展，还会影响企业内部审计工作的效率和质量。企业管理层应认识到数字化转型的重要性，制定明确的转型规划，为内部审计人员提供必要的培训和支持，以推动内部审计工作的数字化进程。

二、数字化审计人才的引进与培养

（一）通过校企合作积极引入数字化人才

在数字化时代背景下，数字化审计人才的需求日益增加，企业和高校的深度合作成为选拔这类人才的重要渠道。通过提前在高校中进行人才的选拔，企业可以早期识别具有潜力的学生，为他们提供实习和实践的机会，从而更好地培养和引导他们成为未来的数字化审计人才。

具体来说，企业可以通过以下方法从高校选拔人才。

1. 实施“1+X”制度

通过实施“1+X”制度，学生在完成学校规定的专业课程学习后，还能选择与数字化审计相关的技能培训，这有助于提高学生的专业素养和实践能力，同时为他们提供更多的学习和发展机会，使他们能够更好地满足企业对数字化审计人才的需求。

2. 共建实训基地

通过与高校共建实训基地，企业可以参与到学校的教学活动中，为学生提供实际的工作场景进行实践，使他们能够在实际的工作环境中学习和成长，更好地理解和掌握数字化审计的相关知识和技能。

3. 举办校园人才选拔大赛

企业可以通过组织或参与校园人才选拔大赛，进一步发掘和认识优秀的学生，同时通过比赛激发学生的学习热情和创新思维。此类比赛不仅可以提高学生的实践能力，还能培养他们的团队合作精神和解决问题的能力，为企业培养具有实战经验的数字化审计人才。

通过以上措施，企业可以与高校共同构建健康的数字化审计人才培养生态体系，实现企业和高校的双赢，同时为社会培养大量的高质量数字化审计人才，推动数字化审计行业的发展和进步。

（二）对内部审计人员进行系统培训与教育

对内部审计人员进行系统的培训与教育是企业提升数字化审计能力的关键，具体可以采取以下措施。

1. 基础知识与技能培训

为内部审计人员提供数字化审计基础知识和技能培训机会是非常重要的。这包括但不限于数据分析、数据挖掘、大数据技术、云计算以及相关审计软件的使用等。通过这些培训，审计人员可以了解并掌握数字化审计的基本知识和技能，为后续的深入学习和实践打下坚实的基础。

2. 实际操作与应用培训

除了指导理论知识学习，对审计人员进行实际操作和应用培训也非常关键。这可以通过模拟实际审计项目、案例分析或者直接参与实际的审计项目来实现。通过实际操作，审计人员可以更好地了解和掌握数字化审计的具体操作流程和方法，提高实际操作能力。

3. 持续教育与进阶培训

数字化审计领域的技术和方法在不断更新和发展，因此为审计人员提供持续的教育和进阶培训是非常必要的。这可以通过定期的培训课程、研讨会或者线上学习平台来实现。通过持续教育和进阶培训，审计人员可以不断更新和拓展其数字化审计知识和技能，保持其专业能力的领先性。

（三）完善数字化审计人才激励与留任机制

为了吸引和保留优秀的数字化审计人才，企业需要建立一套有效的激励与留任机制。

1. 职业发展路径明确

企业应为数字化审计人才提供明确的职业发展路径。通过设定清晰的职级体系和晋升通道，让员工看到自己在企业中的成长潜力和未来发展，这样可以增强他们的归属感和职业满足感。

2. 提供有竞争力的薪酬福利

为数字化审计人才提供具有市场竞争力的薪酬和福利，以表彰他们的努力和贡献。除了基础薪资，还可以提供绩效奖金、股票选项和其他长期激励，以增强他们的积极性和忠诚度。

3. 提供持续的学习和发展机会

企业应提供各种学习和发展机会，包括内外部培训，参加行业会议和研讨会等，以帮助数字化审计人才不断更新知识和技能，提升个人能力。

4. 健全的绩效评价和反馈机制

建立公正、透明的绩效评价机制，及时为数字化审计人才提供准确的反馈并加以认可。这样不仅可以激励他们不断提升自己的业绩，还可以帮助他们明确自己的优势和改进的方向。

5. 创造良好的工作环境

为数字化审计人才创造一个开放、合作和创新的工作环境，使他们能在愉快和积极的氛围中工作，也能促进团队之间的合作和交流。

6. 关注员工的个人需求和职业生活平衡

了解和关心数字化审计人才的个人需求和期望，提供灵活的工作安排，并支持他们在工作和生活之间保持良好的平衡。

7. 定期回顾和更新激励与留任机制

企业应定期回顾和更新激励与留任机制，以确保其持续有效和符合市场和员工的需求。

通过上述多方面的措施，企业可以建立和完善数字化审计人才激励与留任机制，从而吸引和保留优秀的数字化审计人才，为企业的持续发展和竞争力提升提供重要的人力资源支持。

第八章 总结与展望

本章作为全书的结尾，将对前面的内容进行汇总与回顾，并对未来进行前瞻性的思考。在“总结”部分，会系统回顾全书的核心观点和重要结论，而在“展望”部分，基于当前的研究成果和现实情境，笔者将对内部审计的未来发展进行预测和思考。

第一节 总结

一、内部审计数字化是数字经济时代的必然趋势，对于企业发展具有重要意义

在数字经济时代，内部审计数字化已经成为一种必然的趋势，它为企业的发展提供了重要的支持和保障。随着信息技术的不断进步和数据处理能力的提高，数字化技术深刻改变了内部审计的运作模式和实施方法。通过数字化技术，企业可以更高效、准确地收集、处理和分析大量审计数据，从而大幅提高审计工作的效率和质量。数字化审计能够帮助

企业实时监控和分析各种操作和交易活动，及时发现和预警潜在的风险和问题，从而强化企业的风险管理和内控能力。此外，基于数字化审计中准确、全面的数据分析，企业管理层能够做出更为明智和合理的决策，以推动企业的持续改进和发展。

同时，数字化审计为企业满足日益严格的法律法规和行业标准要求提供了支持，有助于提高企业的合规水平和透明度，从而增强外部投资者和利益相关方的信心。数字化审计不仅能提高企业的内部运营效率，还能为企业在快速变化的市场环境中保持和提升竞争力提供重要支持。作为企业数字化转型的重要一环，内部审计数字化能够助力企业更好地适应数字经济时代的发展，推动企业实现业务创新和持续发展。

二、内部审计数字化转型可以从数字化平台建设、数字化技术应用、数字化流程改进三个维度进行

内部审计数字化转型是企业适应数字经济发展和提升审计效能的重要举措。它可以从数字化平台建设、数字化技术应用和数字化流程改进三个维度进行深化与拓展，以推动企业审计工作的现代化和智能化。

从数字化平台建设的维度来看，构建一个完善的数字化审计平台是实现审计数字化转型的基础。这个平台能够实现数据的集中管理、处理和分析，为审计人员提供一个高效、便捷的工作环境。通过数字化平台，企业能够实现审计数据的实时更新和共享，为审计人员提供强有力的数据支持，也能提高审计工作的透明度和准确性。

数字化技术应用是推动内部审计数字化转型的重要手段。通过应用大数据、区块链、云计算等先进技术，企业能够实现对大规模数据的快速处理和深度分析，提高审计的效率和质量。

数字化流程改进是实现内部审计数字化转型的关键环节。通过优化审计流程，引入数字化工具和方法，企业能够实现审计工作的标准化和自动化，降低审计成本，提高审计效率。同时，通过数字化流程改进，

企业能够实现对审计工作的持续监控和实时反馈，为管理层提供及时、准确的审计信息，支持企业的决策和风险管理。

三、内部审计数字化转型离不开保障体系的建设

内部审计数字化转型是一个系统工程，离不开全方位的保障体系支持。文化、机构、制度和人才是构建这一保障体系的四大基石，它们相互配合，共同推动企业内部审计的数字化进程。

数据文化的培育是内部审计数字化转型的基础。企业需要倡导以数据为基础的决策文化，提高全体员工对数据重要性的认识，培养员工的数据分析和应用能力。只有当企业形成了良好的数据文化，员工才能充分认识到数字化审计的重要性，积极参与到数字化审计的实践中。

合理的机构设置是实现内部审计数字化转型的重要保障。企业需要根据自身的实际情况，设置专门负责数字化审计工作的机构，明确其职责和权限，保证数字化审计工作的顺利进行。同时，通过横向和纵向的协调机制，可确保数字化审计机构与其他部门和层级良好地协作，形成合力。

完善的制度体系是推动内部审计数字化转型的关键。企业需要制定一套完整的数字化审计制度，明确数字化审计的基本要求、流程和标准，为数字化审计工作提供明确的规范和指导。同时，需要制定相应的监督和评价制度，确保数字化审计工作的质量和效果。

优秀的人才队伍是实现内部审计数字化转型的核心。企业需要培养一支具有良好数字化素养、审计专业知识和实践经验的内部审计人才队伍。通过系统的培训和教育，提升内部审计人员的数字化能力和素质，确保他们能够胜任数字化审计工作要求。

第二节 展望

一、全球统一审计标准和协议的形成

随着全球经济的一体化和数字化审计技术的推广，未来可能会逐步形成全球统一的数字化审计标准和协议。这将有助于推动国际审计协作，提高跨国公司的审计效率和质量。同时，全球统一的数字化审计标准将为企业提供更为明确和统一的审计规范，有助于提高企业的合规水平和国际竞争力。

二、数据安全与隐私保护的加强

数字化审计转型带来的数据共享和分析，使数据安全和隐私保护更显重要性。未来，企业将更加重视审计数据的安全管理和隐私保护，采用更为先进的加密和脱敏技术，确保数据在传输和处理过程中的安全。同时，可能会出现更为严格的数据安全和隐私保护法律法规，为数字化审计的安全实施提供法律保障。

三、量子计算在审计领域的应用

量子计算是一种潜力很大的技术，它可以在很短的时间内完成传统计算无法完成或需要很长时间才能完成的任务。虽然目前量子计算还处于研究和开发阶段，但未来它可能会被应用于审计领域，提高数据分析和处理效率，使内部审计能够实时处理和分析大量复杂的审计数据，为

企业提供更为准确和及时的审计结果。

四、虚拟现实（VR）和增强现实（AR）技术的应用

虚拟现实（VR）和增强现实（AR）技术可以为审计人员提供沉浸式的审计体验和丰富的数据可视化方案。通过VR和AR技术，审计人员可能会在一个模拟的、近乎真实的环境中完成审计任务，更直观地了解和分析审计对象的运营情况。同时，利用AR技术，审计人员可以在现实世界中通过图形和数据的叠加，更好地了解和分析企业的财务和运营数据。

参考文献

[1] 颜艳春 . 产业互联网时代 新技术如何赋能企业数字化转型 [M]. 北京：中国友谊出版公司，2021.

[2] 王宝庆，张庆龙 . 内部审计 [M]. 大连：东北财经大学出版社，2017.

[3] 鲍国明，刘力云 . 现代内部审计 [M]. 北京：中国时代经济出版社，2014.

[4] 刘华 . 集团内部审计独立与整合 [M]. 广州：中山大学出版社，2020.

[5] 程广华 . 数字化审计实务指南 [M]. 北京：人民邮电出版社，2021.

[6] 李竹青 . 电网企业数字化审计标准化实务 [M]. 北京：中国电力出版社，2022.

[7] 国网审计部 . 全数字化综合审计体系实践精要 [M]. 北京：中国电力出版社，2023.

[8] 陈耿，景波，陈圣磊，等 . 计算机审计 [M]. 大连：东北财经大学出版社，2012.

[9] 鲍凯 . 数字化财务 [M]. 北京：中国经济出版社，2023.

[10] 李华丽 . 大数据背景下内部审计创新研究 [M]. 北京：中国纺织出版社，2021.

[11] 《大数据技术在银行内部审计中的应用》编写组 . 大数据技术在银行内部审计中的应用 [M]. 北京：中国时代经济出版社，2019.

[12] 张莉 . 计算机数据审计：大数据环境下的审计实务与案例分析 [M]. 北京：清华大学出版社，2021.

[13] 唐德菊，夏志娜，李颖 . 大数据财务管理与审计信息化研究 [M]. 长春：吉林出版集团股份有限公司，2020.

[14] 牛艳芳 . 财政大数据环境下的审计全覆盖组织与实施问题研究 [M]. 北京：经济科学出版社，2020.

[15] 樊斌，周忠宝 . 大数据审计分析 [M]. 北京：高等教育出版社，2018.

[16] 陈伟 . 大数据审计理论、方法与应用 [M]. 北京：科学出版社，2019.

[17] 方丽 . 现代审计及其在大数据时代的发展研究 [M]. 西安：西北工业大学出版社，2023.

[18] 魏祥健 . 云计算下的云审计研究 [M]. 成都: 西南交通大学出版社，2015.

[19] 杨扬 . “大智移云”背景下信息化建设对审计工作的影响 [M]. 太原：山西经济出版社，2020.

[20] 王会金，陈丹萍 . 高级审计技术方法 [M]. 北京：中国时代经济出版社，2013.

[21] 宋迎春，李银香 . 区块链审计 [M]. 北京：清华大学出版社，2022.

[22] 张书玲，肖顺松，冯燕梁 . 现代财务管理与审计 [M]. 天津：天津科学技术出版社，2020.

[23] 张庆龙，彭志国，陈新环 . 企业内部审计指南 [M]. 北京：中国时代经济出版社，2007.

[24] 刘三昌，杨志杰，杨昌红，等．企业内部审计技术 [M]. 北京：中国经济出版社，2003.

[25] 程龙茜．国有企业内部审计数字化转型探究 [J]. 中国农业会计，2023，33（20）:67–69.

[26] 郭红建，吴素萱．基于 RPA 技术的企业内部审计数字化转型研究 [J]. 会计之友，2023（20）:13–19.

[27] 朱永勇．基于数字化技术的集团内部审计探索与实践 [J]. 上海商业，2023（9）:93–95.

[28] 张晶．数字化背景下内部审计转型工作探讨 [J]. 商业 2.0，2023（25）:13–15.

[29] 路丽，郑杨．新业态新模式下外贸企业内部审计数字化转型及应对策略研究 [J]. 广东经济，2023（8）:69–71.

[30] 兰欣雨，李佳奇，徐一路．企业内部审计数字化转型发展探究 [J]. 今日财富（中国知识产权），2023（7）:128–130.

[31] 黄琳．大数据视域下内部审计数字化转型探讨 [J]. 财会学习，2023（15）:131–133.

[32] 黄琳．企业内部审计数字化转型的影响因素及实现路径 [J]. 中国农业会计，2023，33（10）:82–84.

[33] 陈佩环．数字化转型背景下国有企业内部审计分析 [J]. 投资与创业，2023，34（9）:47–49.

[34] 潘海天，赵子涵，蔡欣怡．数字化驱动下“增值型”内部审计新路径：以中国移动“全息交互智慧审计体系”为例 [J]. 现代营销（下旬刊），2023（3）:150–152.

[35] 何睿，郑玥.W 公司内部审计信息化、数字化转型的实践与思考 [J]. 财务与会计，2023（5）:64–67.

[36] 沈嘉钰 . 数字化转型下国有企业内部审计跟进探索 [J]. 市场周刊，2023，36（2）:159–162.

[37] 杨悦，王瑶瑶 . 企业数字化转型中内部审计“立体”风控模式运用浅析 [J]. 中国内部审计，2022（12）:9–14.

[38] 侯洪文，强剑，王静，等 . 利用数据仓库模型推动内部审计数字化转型的实践 [J]. 中国总会计师，2022（10）:44–47.

[39] 郑文俊 . 数字化审计：技术、模式与应用 [J]. 会计师，2022（20）:91–93.

[40] 张召哲 . 基于数字化转型的内部审计优化路径研究 [J]. 现代商贸工业，2022，43（21）:129–131.

[41] 秦家云 . 浅析烟草商业企业内部审计数字化转型 [J]. 经营管理者，2022（10）:68–69.

[42] 袁静芳 . 论数字化背景下企业内部审计转型痛点及对策 [J]. 现代商业，2022（25）:163–166.

[43] 薛文涛 . 内部审计数字化转型目标、架构及实现路径：以大型商业银行为例 [J]. 中国内部审计，2022（6）:25–29.

[44] 唐书雅，王华兵 . 数字化时代内部审计模式的转变：以中国建设银行为例 [J]. 中国管理信息化，2022，25（11）:97–99.

[45] 许莉，铁心悦 . 基于大数据理念的内部审计流程数字化研究：以财务审计为例 [J]. 中国内部审计，2022（2）:16–21.

[46] 吴燕妮 . 数字经济背景下企业增值型内部审计实现路径研究 [J]. 商场现代化，2021（24）:181–183.

[47] 崔蕾 . 数字化转型下提高商业银行审计质量的路径 [J]. 财会学习，2021（25）:116–118.

[48] 张庆龙，何佳楠，顾青青，等．场景审计：数字化时代商业银行内部审计工作模式 [J]. 审计研究，2021（4）:119–128.

[49] 邢春玉，李莉，张莉．内部审计：从数字化到智能化 [J]. 财会月刊，2021（2）:100–105.

[50] 胡琳卿．数字化管理下企业内部审计资源整合研究 [J]. 行政事业资产与财务，2020（24）:91–93.

[51] 国家外汇管理局浙江省分局课题组，谢梓平，沈文，等．运用大数据和人工智能技术促进内部审计数字化转型——以国家外汇管理局为例 [J]. 中国内部审计，2020（11）:18–24.

[52] 张月波．数字化转型中商业银行内部审计智能化探索与应用 [J]. 中国内部审计，2020（10）:68–71.

[53] 单晓鹏，冯妍．浅谈国有企业内部审计数字化发展趋势及应对措施 [J]. 财经界，2019（24）:210–211.

[54] 王向阳，魏丽雅，郑勇，等．数字化共享审计模式在电网企业防范风险中的应用 [J]. 中国内部审计，2018（12）:12–18.

[55] 刘荣．基于云计算技术的内部审计数字化平台构建 [J]. 中国内部审计，2012（3）:41–43.

[56] 程龙茜．大数据时代背景下企业内部审计信息化建设探究 [J]. 中国乡镇企业会计，2023（7）:168–170.

[57] 芦忠龙．数字经济背景下内部审计创新转型探究 [J]. 中国集体经济，2023（21）:82–85.

[58] 周彬，夏睿．基于可拓展型机器人流程自动化的矩阵式内部审计模式 [J]. 电力与能源，2023，44（3）:304–307.

[59] 任磊，周子然．数字化时代敏捷审计模式创新 [J]. 中国内部审计，2022（11）:12–17.

[60] 刘仑，刘娜娜．探索打造数字化审计模式助力业务数字化转型 [J]. 中国内部审计，2022（9）:49–53.

[61] 杨爱萍．企业内部基于数字化技术的业审融合审计新模式研究 [J]. 现代审计与会计，2021（3）:30–31，34.